JN410740

아이슬란드 가족여행

젊은 지구를 걷다

아이슬란드 가족여행
젊은 지구를 걷다

초판 1쇄 인쇄 2020년 3월 10일
초판 1쇄 발행 2020년 3월 15일

지은이 김현실·류문찬·류승룡
펴낸이 金泰奉
펴낸곳 한솜미디어
등록 제5-213호

편집 박창서 김수정
마케팅 김명준
홍보 김태일

주소 05044 서울시 광진구 아차산로 413
(구의동 243-22)
전화 02) 454-0492(代)
팩스 02) 454-0493
이메일 hansom@hansom.co.kr
홈페이지 www.hansom.co.kr

값 16,000원
ISBN 978-89-5959-525-9 (03980)

* 잘못 만들어진 책은 구입하신 서점에서 바꿔드립니다.
* 이 책은 아모레퍼시픽의 아리따 글꼴을 사용하여 편집되었습니다.

아이슬란드 가족여행
젊은 지구를 걷다

김현실·류문찬·류승룡 지음

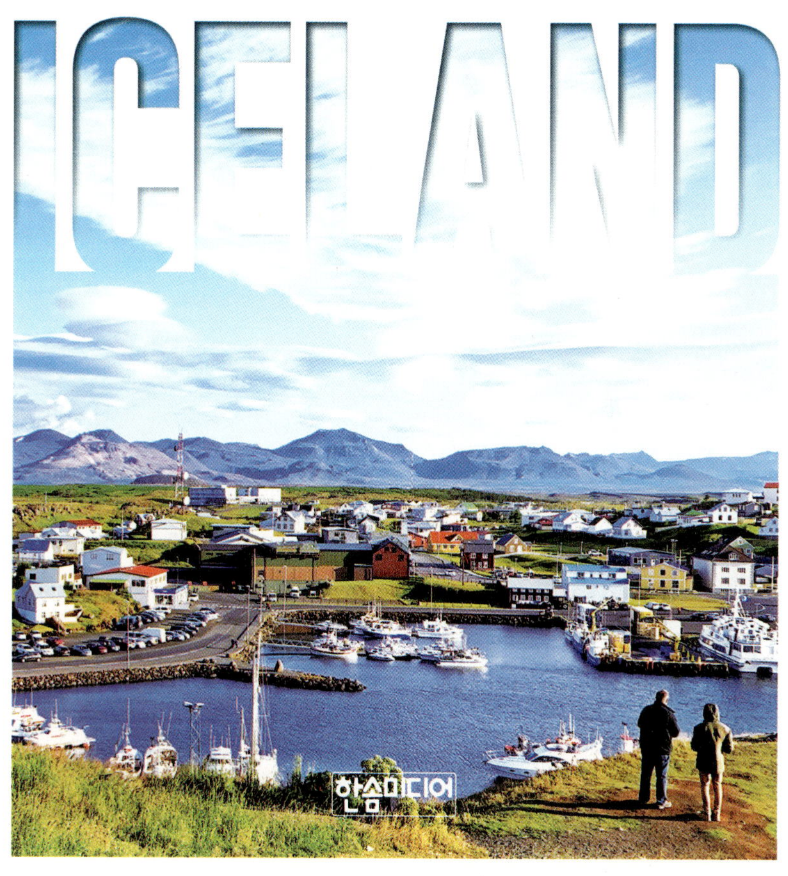

『아이슬란드』(윤고은, 2010)라는 단편소설이 있다. 주인공은 고달픈 현실 저 너머에 아이슬란드를 꿈처럼 간직해두고 그곳으로 가기 위해 자료를 모으고 인터넷 카페에 가입하는 등 관심과 동경을 키워나간다. 아이슬란드가 그녀에게는 일종의 현실도피용 유토피아 기능을 한 것인데 결국 아이슬란드 국가 부도와 더불어 한국을 떠나보지도 못한 채 현실에 주저앉는다는 이야기이다.

10여 년 전만 해도 그만큼 아이슬란드는 우리에게 멀고 아득한 곳이었다. 이제 국가 부도(2008년)가 난 지도 12년이 지났고 나라는 회복되었을 뿐 아니라 그간 우리나라에서도 아이슬란드에 대한 이야기들이 현실에 안착된 지 오래되었다. 대표적인 영화 '월터의 상상은 현실이 된다',

'인터스텔라' 등의 배경뿐 아니라 우리 TV 예능 프로그램에서도 아이슬란드는 꽤 익숙한 나라가 되었다. 아이슬란드는 이제 꿈이 아니라 현실이 된 것이다.

내가 아이슬란드 여행을 꿈꾸게 된 건 따라서 모험이나 공상도 아니고 우리 현실에서 그것이 누구에게나 실현 가능한 시점에 이르렀기 때문이다. 물론 다른 유럽 국가에 비하면 여전히 낯설 수 있지만 조금만 관심을 가지면 누구나 금세 이질성을 떨쳐버리기 쉬운 지점에서 나는 이 여행을 감행하게 되었다.

하지만 아직도 아이슬란드는 소설 속 주인공의 동경처럼 여전히 우리를 아득한 꿈의 공간으로 상상하게 만드는 힘이 있다. 시중에 아이슬란

드 관련 서적이 여럿 있음에도 불구하고 무모하게 여행기를 하나의 책으로 다시 내려는 것은 바로 그 때문이다. 다른 나라에 비해 우리나라에서 이 나라는 아직 먼 곳이고 그 매력이 여전히 덜 알려져 있다는 바로 그 점.

특히 다른 아이슬란드 여행자들과 달리 우리는 아들을 데리고 가족여행의 길을 택했다는 점에서 나름의 색다른 경험과 느낌을 가질 수 있었다. 무모한 도전이 아니라 제법 철저한 계획하에 현실 가능한 여행을 했다는 것도 가족여행이기에 더욱 그러했다. 부모에 기대어 여행을 하든 부모를 위해 효도여행을 기획하는 사람이든 적어도 이 책은 가족과 자유여행을 계획할 때 비교적 합리적인 계획이 어떠해야 하는지 그리고 여행하면서 부모 세대와 자식 세대 간 소통이 어떻게 이루어져야 하는지 조금은 보여줄 수 있으리라 생각된다.

나는 우리의 여정에 맞춰 서사적 스토리를 기록하려 했고, 남편은 장

소와 거리에 따른 객관적 여행 정보에 초점을 맞추고자 했다. 구체적인 '정보'는 하루 여행이 끝나는 지점마다 남편이 상세하게 요약 정리하여 장 말미에 수록했다.

결국 서사와 정보라는 두 마리 토끼를 잡겠다는 우리의 욕심이 과연 제대로 성취되었는지 잘 모르겠다. 기본적인 가이드북이라면 서사 없이 객관적 정보만 있으면 되는데 나의 경우 그런 책은 잘 읽게 되지 않았다. 결국 나 같은 독자는 서사적 스토리와 우리 가족 이야기에, 남편과 같은 자유여행 계획자는 정보에 초점을 맞춰 읽어볼 수 있을 것이다. 따라서 본문은 내가, 정보 부분은 남편이 썼다. 아울러 아들의 다소 다른 관점과 사진도 중간중간 중요한 역할을 해주었다.

아이슬란드를 꿈꾸는 분들, 특히 자유여행을 계획하는 분들에게 조금이나마 도움이 되었으면 한다.

| 차 례 |

책머리에 _ 4

00 **2월~7월**
계획과 준비 _ 11

01 **7월 12일**
출발! 여행 시작 _ 30

02 **7월 13일**
아이슬란드 맛보기, 골든 서클 _ 38

03 **7월 14일**
폭포와 이끼와 검은 모래 해안에서 _ 54

04 **7월 15일**
얼음의 나라를 걷다 – 스카프타페들 국립공원 지대 _ 80

05 **7월 16일**
피오르 해안 길과 세이디스피요르두르 _ 102

06 **7월 17일**
화산지대와 미바튼 네이처 배스 _ 119

07 **7월 18일**
신의 폭포들과 주상절리의 밭 _ 139

08 **7월 19일**
미바튼, 고다포스, 아퀴레이리 _ 158

09 **7월 20일**
스티키스홀무르와 키르큐페들 _ 179

10 **7월 21일**
스나이페들스요쿨 국립공원 지대 _ 203

11 **7월 22일**
흐뢰인포사르 폭포와 레이캬비크 _ 225

12 **7월 23일**
할그림스키르캬, 블루라군 _ 236

13 **7월 24일**
마지막 날, 아이슬란드를 떠나며 _ 247

찾아보기 _ 254

아이슬란드공화국(Republic of Iceland)

- 수도 : 레이캬비크
- 면적 : 1,030만ha(세계 106위)
- 언어 : 아이슬란드어
- 인구 : 34만 명(세계 179위. 2020)
- GDP : 258억 7,847만 달러(2018)
- 기후 : 해양성 기후
- 종교 : 루터교 81%, 레이캬비크자유교회 2.1%, 가톨릭 2%

00 : 2월~7월

계획과 준비

어떠한 방식이든 무조건 집 떠나는 걸 좋아하는 나와 달리 돌다리도 두드려보고 건너는 남편과 함께 여행하려면 참 많은 난관에 봉착하곤 한다. 일단 마음에 꽂혀 가고 싶단 생각이 들면 난 말부터 꺼내놓고 보는데 그럴 때마다 여러 현실적인 이유를 들어 거절하는 건 늘 남편 몫이다.

더욱이 남편은 패키지 여행을 아주 싫어하는 편이라 스스로 계획해야 한다는 강박이 커서 쉽사리 결단 내리기 어려울 수밖에 없다. 따라서 어딘가 가고 싶을 때 웬만하면 친구들과 가는 걸 택하는 편이다. 하지만 아이슬란드는 멀고 비싸서 친구와도 쉽사리 결행하기 어려운 곳이라 남편과 의논할 수밖에 없었다.

당연히 처음부터 긍정적 대답을 할 리 없다. 가장 걸림돌이 되었던 남편의 첫 거절 이유는 금전 문제였다. 그 어느 곳보다 멀면서 물가가 비싸다는 소문 때문에.

하지만 여행이란 원래 어느 정도 무모함이 개입되지 않고서는 실행하기 어려운 법. 퇴임이 일 년 남았다는 것에 기대를 걸고 그나마 월급이

나오는 기간에 저질러버리지 않고서는 영원히 가지 못할 것이라는 나의 꼬드김에 남편도 넘어가 버렸다. 무엇보다 남편의 여행 취향은 역사나 문화보다 자연에 기울어져 있다는 걸 잘 아는 까닭에 압도적인 자연으로 손꼽히는 아이슬란드 특성에 초점을 두어 호소했던 것이 적중했다고나 할까?

물론 처음부터 가족여행을 계획한 건 아니었다. 자유여행은 자동차 렌트와 숙박비를 생각할 때 4명이 가장 이상적이었기 때문. 게다가 두 해 전에 성공적으로 뉴질랜드 여행을 함께했던 친구 부부와의 경험이 이 두 번째 여행 계획을 순조롭게 해주었다. 그때처럼 7월의 날들을 위해 2월 설날이 지난 후부터 남편의 준비는 시작되었다. 일단 날짜를 정하고 비행기 티켓을 구매하면서 여행이 확정되었고 이런 준비를 꽤 철저히 하는 걸 즐기는 남편에 빌붙어 나머지 사람들은 참여할 준비만 하면 되었다.

그러던 어느 날 친구의 발목이 골절되었다는 불상사를 전해 들었다. 처음에는 아직 시간이 많이 남았으니 다 나은 후 갈 수 있으리라 여기고 여전히 준비를 진행했지만 가벼이 여겼던 우리의 생각과 달리 친구의 발목은 수술 여부까지 논의될 정도로 쉽게 회복되기 어려울뿐더러 낫는다 할지라도 트레킹 같은 걸 하기엔 무리라는 결론이 내려졌다. 위약금까지 물어가면서 비행기 티켓과 숙소를 변경하게 된 친구가 엄청난 실망감과 심적 고통을 겪게 된 건 물론이거니와 당장 파트너를 교체해야 하는 우리 역시 난감하기는 마찬가지였다.

갑작스레 주변에서 함께할 사람들을 수소문했지만 가벼운 여행이 아닌지라 선뜻 나서는 친구들이 없었다. 결국 설마 우리와 함께 갈까 의심하면서 아들에게 내민 제안을 그가 의외로 기뻐하며 받아들이는 순간 졸지에 우리의 계획은 가족여행으로 모드가 바뀌어버렸다.

그러고 보니 아들이 커버린 이후 우리가 함께한 여행은, 더욱이나 이렇게 길게 한 여행은 한 번도 없었던 듯하다. 과연 괜찮을까 걱정도 됐지만 언제 또 이런 기회가 있으랴 싶어 우리는 미지의 길을 가듯 새로운 계획을 세웠다.

비행기 티켓을 다시 구입하고 숙소를 다른 크기와 스타일로 바꾸고 등등. 다만 우리가 아들의 취향을 고려해 코스를 다소 변경해야 한다는 걸 이때는 몰랐다. 거의 자연 풍광 위주로 되어 있던 노정을 액티비티와 도시에 좀 더 할애했어야 한다는 것을!

암튼 그렇게 결정된 우리의 가족여행은 밤낮 집에서 얼굴 보기 힘들던 아들과 긴 동반의 시간을 예고해주었고, 그로부터 지금까지와는 색다른 가족의 여정이 시작되었다.

* * *

정확히 말하자면 이미 짜여진 스케줄에 따라가는 처지였으므로 정해진 일정에 대한 불만이 크진 않았다. 다만 이미 부모님과 예전에 여행을 다녀본 결과 여행사 뺨칠 정도로 꼼꼼하고 빡빡한 일정 짜는 걸 즐기는 아빠의 성향을 아는지라 예상치 못한 일들(좋은 일이든 나쁜 일이든)에 대한 여유가 없을 것 같다는 느낌을 받았다. 때문에 떠나기 전 여러 번 질문했었다. 중간중간 여유가 있는 스케줄인지….

아빠는 당연히 여유 있는 스케줄이고 중간에 하고 싶은 게 생긴다면 충분히 스케줄 조정이 가능하다고 몇 번이나 나에게 확신을 심어주었었다. 개인적으로는 현실과 너무나도 달랐던 이 발언이 모든 갈등의 씨앗이었다고 본다. 숙소 역시 개인 의견은 냈지만 지금까지 여행하면서 호스텔, 캠핑, 노숙 다 해본 나로서는 숙박 자체의 불편함은 얼마든지 감수할 수 있었기 때문에 전적으로 예민하신 엄마의 기준에 맞춰드렸다고 생각한다(글에서도 볼 수 있겠지만 엄마는 잠귀도 밝으시고 기본적으로 아무리 편한 환경에서도 잠을 거의 못 주무신다).

여행 준비 및 일반사항

1. 항공편 예약

아이슬란드행 항공편 직항은 아직 없고 경유지가 파리, 런던, 뮌헨 등 다양한데, 그중 헬싱키 경유 노선이 최단거리 코스이다. 이 노선은 핀에어FinAir가 운영하는데 핀에어를 이용하면 헬싱키에서 5일 stop-over할 수 있게 해준다고 하니 헬싱키에서 이 기간 동안 스칸디나비아 반도 여행을 할 수도 있다.

핀에어는 인천–헬싱키 간 노선에서 'economy comfort'란 좌석을 판매(2019년 기준으로 좌석 추가 요금이 편도 약 125,000원)한다. 이 좌석은 '이코노미'보다 좌석 폭이 약 10cm 넓다. 소음상쇄 이어폰 대여, amenity kit 및 인터넷 1시간 이용을 덤으로 준다. 그렇지만 구매한 후 환불이 쉽지 않았다. 함께 여행하기로 했던 친구 가족이 못 가게 되어 환불 신청을 했으나 회사 규정을 구실로 환불해주지 않아서 결국 '한국소비자원'을 통해 간신히 환불받았다.

2. 렌터카 예약

F가 붙은 도로는 사륜구동차만 갈 수 있다. 아이슬란드를 여행하다 보면 비포장도로나 F가 붙은 도로도 갈 수 있기 때문에 약간 비싸더라도 사륜구동차를 빌리는 것이 좋을 듯하다. 경험상 장기여행에는 콤팩트한 차보다는 좀 여유로운 차가 편한 것 같다.

아이슬란드에서는 자동차 렌트할 때 다른 나라와 달리 화산재보험, 모래보험, 자갈보험 등에 가입하는 것 같다. 이에 비해 도난방지보험은 굳이 가입할 필요가 없다고 한다. 아이슬란드에서 자동차를 도난당할 확률은 벼락 맞을 확률보다 낮다고 하니….

3. 숙소 고르기 및 예약

① 텐트 생활을 하지 않을 거라면 숙소 예약은 서둘러야 할 것 같다. 값에 따라 침낭을 각자 준비해야 하는 곳도 있고, 공동 숙박, 공동 화장실 또는 공동 취사를 해야 하는 곳도 있다. 예약 사이트에서 이런 사항을 면밀히 체크한 후 원하는 형태의 숙소를 예약해야 한다. 우리의 숙소 선정 우선순위는 ⓐ 가급적 부엌이 있을 것, ⓑ 공동 화장실 배제, ⓒ 뷰포인트와의 접근성과 주위 전망 등이었고 가격은 우선순위에서 좀 뒤로하였다. 여행경비도 중요하지만 (아이슬란드가 쉽게 갈 수 있을 만큼 가까운 곳은 아니므로) 우리는 시간이 더 값어치 있다고

여겼기 때문이다. booking.com의 평점은 신뢰할 만했는데, 9점이 넘는 숙소는 아주 만족스러웠다. 이용자가 평점을 매기는 프로세스를 보니 더더욱 신뢰가 갔다.

② 도착한 첫날(7/12)의 숙소 : 레이캬비크로 정했다가 공항에서 가까운 도시(하프나르피요르두르)로 변경하였는데, 이유는 7월 12일 일정 뒷부분에서 설명한다.

③ 레이캬비크 체류한 날(7/22) : 주차가 쉽고, 레이캬비크 다운타운 어디로나 도보 접근이 가능한 곳으로 선정했다.

④ 귀국 전날(7/23) : 다음 날(7/24) 항공기 탑승시각이 아침이기 때문에 이날(7/23)로 주요 일정이 모두 마무리되어야 한다. 따라서 공항 근처에 있는 블루라군에서 온천욕을 하고 차를 반납한 후, 다음 날 공항까지 걸어서 갈 수 있는 곳으로 정하였다. 이런 요건을 충족시켜 주는 곳이 Airport Hotel Aurora Star라고 판단하였다. 이 호텔에서는 렌터카 대리점이나 공항까지의 거리가 모두 걸어서 5분 이내이다.

⑤ 그 외 날짜는 하루 소화해야 할 일정(시간과 이동거리)을 고려하여 정했다. 결과적으로 호텔 3군데, 에어비엔비 3군데, 나머지는 카티지cottage나 아파트 형식의 숙소를 이용하였다. 한화로 1박에 평균 37만 원 정도 들었는데, 다른 나라보다 비싸긴 하지만 대체로 만족스러웠다.

4. 환전

국내에서 아이슬란드 화폐를 환전해주는 곳은 없다. 아이슬란드는 자국 화폐 크로나(ISK)를 사용하며, 1크로나는 한화로 약 10원이다. KEB하나은행조차 환전은 물론 아이슬란드 환율정보도 제공하지 않는다. 따라서 US 달러나 유로화로 환전하고 아이슬란드 입국 후 아이슬란드 화폐인 크로나로 환전해야 한다. 결과적으로 아이슬란드 화폐인 크로나로 환전하려면 두 번의 환전에 의한 수수료 부담을 각오해야 한다.

참고로 케플라비크Keflavík 공항(다른 곳보다 비싼 환율 적용)에서 US 달러나 유로화를 아이슬란드 화폐인 크로나로 환전하면 환전수수료가 기준환율에서 6% 가까이 붙는다. 아이슬란드에서는 화장실 사용요금조차 신용카드로 결제할 수 있고 팁도 원칙적으로 없다. 우리는 아이슬란드 화폐를 아예 한 푼도 환전하지 않았다.

혹시나 해서 유로화를 소액 갖고 가긴 했지만, 아이슬란드 체류 동안 화폐는 1크로나도 쓰지 않았다. 현금이 꼭 필요할 때는 ATM을 이용할 생각이었다. 그래도 불안한 마음에 환전하고 싶다면 소액만 하고, 쓰다 남은 돈은 기념으로 간직해도 될 것 같다.

5. 신용카드나 체크카드

어떤 신용카드(혹은 체크카드)가 좋을까? 카드 별로 제공하는 혜택(마일리지나 캐시백 등)과 비용(회비)이 다르기 때문에 어느 것이 유리한지 결론 내리기는 쉽지 않아 보인다. 우리는 KEB하나은행에서 발급하는 'VIVA 플러스' 체크카드를 이용했다. 'VIVA 플러스' 체크카드는 전신환매도율(기준환율의 1%

가량)을 기준으로 결제하되 추가 수수료가 없다. ATM에서 이 체크카드로 출금할 경우 전신환매도율 기준으로 VISA 수수료 1%만 더 붙는다.

일반적으로 신용카드의 경우, 전신환매도율에 국제브랜드(VISA나 Master 등) 수수료율 1%, 카드사 수수료율 0.2~0.25%가 추가로 붙는다. 조건이 더 좋은 카드가 있을지 모르겠지만 우리의 선택이 나쁘지는 않았던 것 같다.

6. 원화결제 차단서비스

신용카드로 결제할 때 원화(DCC)로 하게 되면 원화결제 수수료가 적지 않게(3~8%) 추가된다. 이 수수료를 안 내기 위해서는 '원화결제 차단서비스'를 신청해야 한다. 신용카드사 홈페이지, 콜센터 등에서도 가능하지만 해당 신용카드의 모바일 앱을 깔았다면 모바일폰에서 손쉽게 서비스 신청과 해제를 자유자재로 할 수 있다.

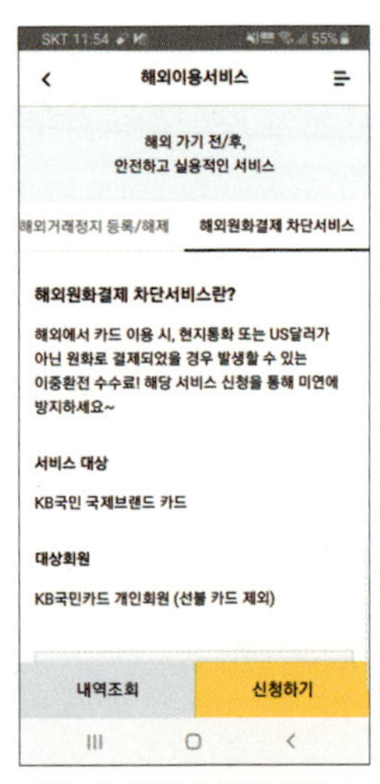

해외 원화결제 차단서비스

7. 모바일폰 데이터 구입

아이슬란드에서는 유심칩을 편의점이나 마트에서도 구입할 수 있다. 우리 가족의 경우, 나는 로밍 서비스(SKT 30일 4GB에 39,000원 상품), 아들은 USIM 카드(5GB에 2,900크로나)를 현지에서 구입하여 각자 편한 대로 이용하였다. 운전 중 내비게이션은 내 모바일폰으로 하였는데 데이터가 부족하지는 않았다.

8. 술 구매

아이슬란드에서는 일반 마트에서 술을 팔지 않고 정부에서 관리하는 빈부딘Vinbudin에서만 독점적으로 판매한다. 술값이 비싸므로 웬만하면 케플라비크 국제공항 면세점에서 술을 사는 것이 좋겠다.

9. 한국에서 준비한 음식

햇반, 김, 꽁치조림 캔, 북어조림 캔, 볶음 김치, 일회용 국과 덮밥 종류, 간식용 과자와 오징어, 누룽지 등. 한국 음식에 꼭 집착해서가 아니라 여행경비를 줄이기 위한 것이다. 특히 에어비앤비나 게스트하우스에서의 아침 식사는 햇반이나 누룽지가 시간과 경비를 절약하는 좋은 대안이었다.

10. 식료품점

아이슬란드인이 만든 유튜브나 'guidetoiceland' 같은 사이트에 의하면 관광객이 많이 이용하는 식품점은 'Bónus'라고 한다. 이곳은 대형 슈퍼마켓 체인이어서 접근성이 좋고 가격도 적당하다는 평이다. 또 다른 슈퍼체인인 'Kronan'은 'Bónus'에 비해 다소 비싼 대신 종류가 다양하고 식재료의 질이 좋다고 한다.

그 외에도 'Netto' 등이 눈에 많이 띄었던 것 같다. '10-11'은 우리나라의 편의점처럼 영업시간이 길어 다른 매장이 닫은 시각에도 이용할 수 있는 반면, 다른 식품점에 비해 많이 비싼 편이다.

11. 운전

아이슬란드 도로는 도시를 벗어나면 대부분 편도 1차선이고 주위의 땅보다 도로가 높은 편인데 갓길이 거의 없다. 약간 서툴게 운전하다 보면 바로 옆으로 굴러떨어지기 쉬운 형상이므로 운전에 각별히 주의해야 한다. 갓길을 왜 만들지 않았을까? 모르겠다. 우리 가족은 나름 이유를 찾아봤다. 하나는 자연 훼손을 최소화하기 위해. 또 다른 하나는 사진을 찍으려고 정차하려는 차량을 원천 봉쇄하기 위해. 갓길에 정차한 차량이 있으면 오히려 사고 위험이 커질 수 있을 테니까. 둘 다인 것 같다. 'guidetoiceland' 사이트에는 '아이슬란드 안전하게 운전하기', '아이슬란드 운전 완전 정복하기'라는 동영상도 있으니 안전운전을 위해 꼭 한 번 보기를 권한다.

12. 여행 관련 정보 확보

아이슬란드 여행 책자(참고한 책에 대한 특징은 뒤에 간단히 소개함), 앱(뒤에 소개함), 유튜브 동영상 등이 우리의 여행 준비에 많은 도움이 되었다. 특히 다음에 소개하는 'guidetoiceland.is'에서는 아이슬란드 전반을 이해하고 여행 일정을 세우는 데 필요한 정보를 어느 책에서보다 많이 얻었다.

이 사이트는 아이슬란드 여행 관련 업체 천여 개가 모여 만든 것이라고 한다. 렌터카, 숙소, 투어 등 다양한 여행상품을 취급하고 있는 사이트인데, 이 외에도 아이슬란드 역사나 언어, 여행 중 알면 도움이 될 만

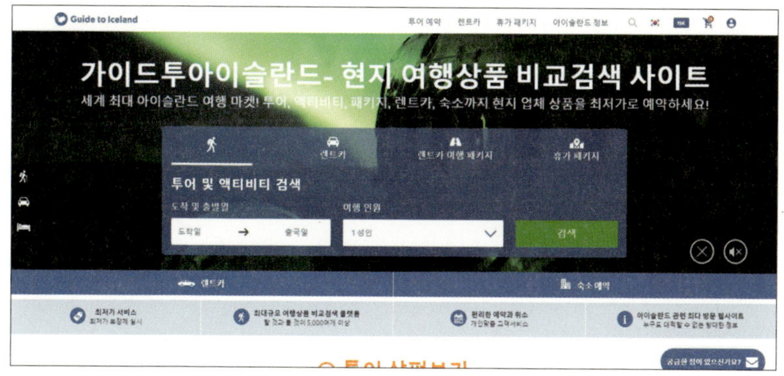

guidetoiceland 한국어 홈페이지

한 팁 등 아주 쓸모 있는 정보를 많이 제공하고 있다. 한국어를 비롯한 11개 언어가 지원되고 있는데, 한국어가 전혀 어색하지 않다. 여기서 제공하는 여행상품 예약도 한국어로 가능하다. 일정에 따라 숙소를 일일이 예약하는 것이 번거롭다면 이 사이트에서 제공하는 예약 프로그램 중에서 계획한 일정에 맞는 것을 구매할 수도 있다.

여행 날짜에 따라 다르겠지만 우리 여행 일정을 기준으로 보면 4인 12박에 숙소 및 렌터카 비용으로 127만 크로나(한화 약 1,200만 원) 정도였다. 우리도 처음에는 이 사이트 상품을 구입했었는데, 이동경로에 따라 일정을 좀 더 자유롭게 잡고 싶어서 직접 예약하는 쪽으로 방향을 바꾼 것이다. 직접 예약하는 것이 'guidetoiceland' 상품보다 싸지만, 일별로 숙소 예약하는 수고가 만만치 않기 때문에 가격에 너무 구애받지 않는다면 그 회사 상품을 구입해도 괜찮을 듯하다.

우리는 이동거리나 시간 및 주변 시설도 확인하고 숙소별로 사용자 후기도 읽어가며 결정하느라 숙소 예약하는 데 많은 시간을 쏟았다. 이렇게 검색할 수 있는 시간적 여유가 별로 없었다면 그 회사 상품을 이용했을 것이다. 이 회사가 제시하는 안이 나쁘지 않다는 생각이다.

미리 준비한 앱/인터넷 사이트

1. www.road.is

아이슬란드 전 지역의 도로 상태 및 날씨 정보를 제공해준다. 도로별로 비나 눈, 안개, 바람 등의 기상상태, 통행 가능 여부와 난이도, 통행 속도와 통행량 등이 지도상에 실시간으로 제공된다. 6월에도 폐쇄된 길(예를 들면 데티포스 동쪽으로 가기 위한 864번 도로)이 적지 않게 있으니, 모바일폰에 이 사이트를 깔고 차량으로 이동할 때 수시로 참고할 필요가 있다.

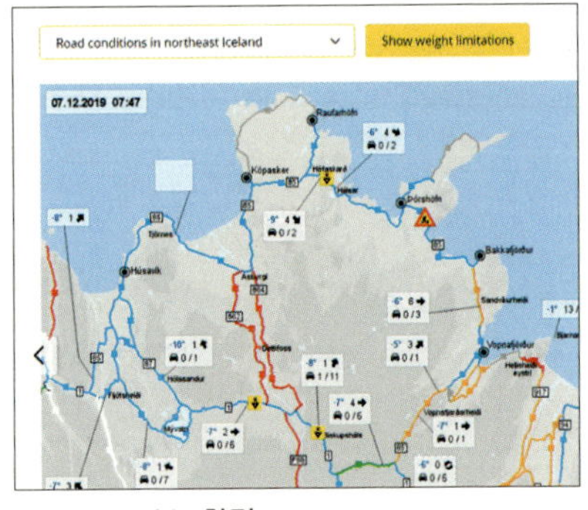

www.road.is 화면

2. vedur.is

아이슬란드의 기상정보를 제공해주는 사이트이다. 영어로 된 사이트는 en.vedur.is이다. 지역별 날씨 외에도 오로라 예측도 수치로 해준다. 아이슬란드는 날씨가 변화무쌍하므로 안전을 위해서도 수시로 이 사이트에서의 날씨 정보 확인이 필요하다.

en.vedur.is 사이트

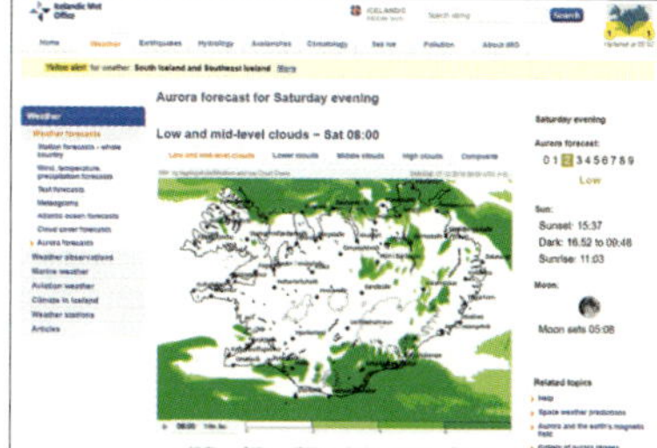

aurora forecast 사이트

3. alltrails.com

연회비 18,000원인 유료 앱(PC 버전도 제공)인데, 트레킹에 관심이 많은 사람에겐 흥미로운 앱일 것 같다. 이 앱에서는 아이슬란드 외에도 우리나라를 포함한 전 세계의 유명한 트레킹 코스가 상세한 지도와 함께 제공된다. 트레킹 코스에 대한 간단한 정보 외에 이동거리나 위치에 따른 고도(elevation)의 변화도 상세히 제공된다. 그렇지만 가격을 고려한다면 꼭 구입할 필요까지는 없어 보인다.

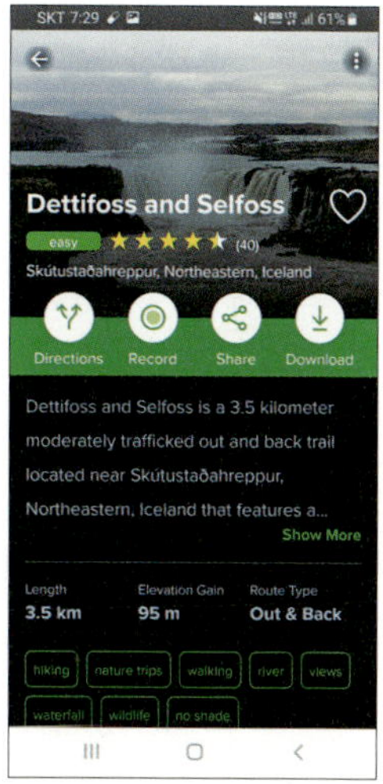

alltrails.com

4. mapsme

이 앱은 전 세계 어느 곳이든 지도와 내비게이션 기능을 제공한다. 무료로 이용할 수 있는데, PC 버전은 제공되지 않는다. 특정 지역에 대한 서비스를 제공받고자 하면 먼저 그 지역의 지도를 다운받아야 한다.

화면상에서 그 지역으로 이동하여 지도를 손가락으로 확대하면 어느 순간 지도 다운 여부를 묻는다. 이 앱의 장점은 와이파이가 안 되는 곳에서도 이용 가능하다는 점은 물론, 차량도로가 아닌 곳인 트레일(도보로만 다닐 수 있는 길)이 상세히 나와 있다는 점, 트레일에서의 포인트 간 거리도 측정이 가능하다는 점이다. 아울러 구글지도에도 나와 있지 않은 볼 만한 곳(view point)이 지도에 나와 있기도 하다. 큰 도시가 아니라면 단연 이 앱의 사용을 추천한다. 우리는 Sygic이란 앱의 프리미엄 버전(세일 가격으로 13,000원)을 구입하여 사용하기도 했지만 맵스미보다 특별히 좋다는 느낌은 받지 못했다.

mapsme

5. Geotag Photo Pro2

모바일폰으로 사진을 찍으면 촬영한 위치 정보가 자동으로(폰에서 위치 접근 허용을 작동시킬 경우) 사진에 저장된다. 그렇지만 카메라(GPS 기능이 없는 대부분의 카메라)로 찍은 사진에는 위치 정보가 저장되지 않는다. 이 앱은 사진 찍은 위치 정보를 사진에 저장할 때 사용하는 앱이다. 물론 이 앱 말고도 비슷한 기능을 제공하는 앱이 없는 것은 아니지만 사용 편의성 면에서는 이 앱이 괜찮다는 생각인데, 다만 공짜는 아니다(15,000원).

앱을 켜서 'trip'을 만든 후 'start'를 누른 순간부터 'stop'을 누를 때까지 그동안의 이동경로와 시간이 전부 기록된다. 나중에 PC에서 이 파일과 그날 찍은 사진을 합치면(이 과정이 다른 앱에 비해 편리하다) 사진별로 위치 정보를 일괄 저장해준다.

이 앱을 구동시키는 동안 모바일폰의 배터리가 많이 소모되는 것이 문제라고 할 수 있는데, 'setting'에서 'logging interval'이나 'minimum position change'를 조절하여 배터리 소모를 줄일 수 있다.

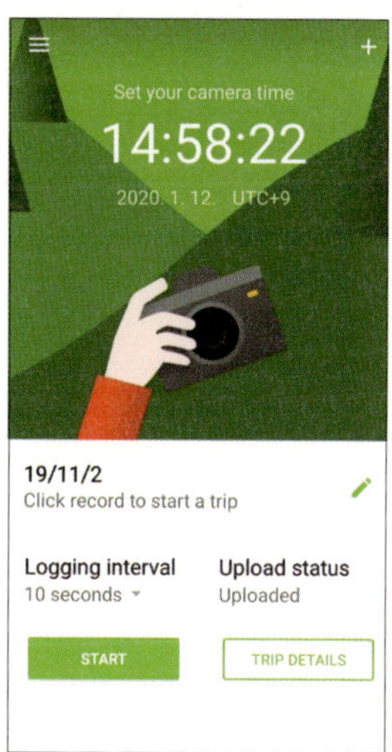

Geotag Photo Pro2

사진 찍을 때마다 'start'를 누르고 찍은 후에는 'stop'을 눌러 배터리 소모를 최소화할 수 있지만, 매번 사진 찍을 때마다 'start'와 'stop'을 잊지 않고 누르기는 쉽지 않은 만큼 하루 단위로 'trip'을 관리하는 것이 편리한 것 같다. 즉, 여행 시작할 때 'trip'을 만들고 'start'를 눌러 이동경로를 기록하고 그날 일과가 모두 끝나서 더 이상 사진 찍을 일이 없을 때 'stop'을 눌러 마무리하는 식이다.

이 앱에서는 'trip'별로 총 이동거리나 지도상에서 이동한 경로도 확인할 수 있다. 유사한 기능을 수행하는 앱으로 PicaGeo Tag나 Geo Editor 등도 있다.

6. EXIF Date Exchanger

디지털 카메라로 사진을 찍을 경우, 간혹 현지 시간으로 카메라 시간 맞추는 것을 깜빡할 수 있다. 이 앱(PC 버전)은 사진들의 찍은 날짜나 시간을 원하는 대로 일괄 변경시켜 준다.

나는 사진 파일 이름을 찍은 날짜와 시간으로 네이밍하여 관리한다. 예컨대 2020년 4월 22일 오전 10시 5분에 찍은 사진의 파일 이름은 '2020-04-22 10-05'로 한다. 이렇게 하면 찍은 시간순으로 일목요연하게 정리할 수 있을뿐더러 파일 이름만 봐도 언제 찍은 사진인지 바로 알 수 있어 편리하다. 이 앱을 이용하면 한꺼번에 파일 이름을 이런 식으로 변경할 수 있다(이 앱은 여행을 마무리한 후 찍은 시각을 변경하는 앱이니 여행 중에 지참할 필요는 없다).

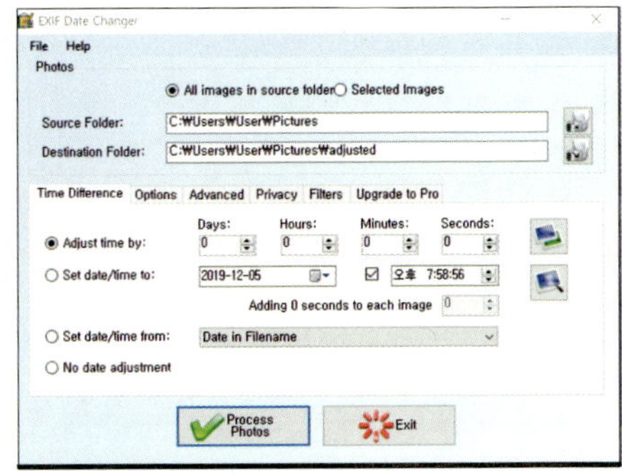

EXIF Date Exchanger

중요한 준비물

① 전기 플러그 : 우리와 동일한(220V) 플러그를 사용하니 한국에서 쓰던 것을 가지고 가면 된다.

② 우비와 백팩 방수커버 : 바람 때문에 우산은 도움이 별로 안 된다. 그리고 폭포에 가까이 가면 물보라를 맞을 가능성이 높기 때문에 우비가 긴요하다. 또한 백팩에 방수 기능이 없다면 백팩 방수커버도 유용할 것이다.

③ 방한의류 : 여름철이라도 비나 바람이 불면 한겨울처럼 날씨가 추우므로 방한점퍼, 경량패딩, 모자, 목도리 등을 준비함이 좋다.

④ 수영복과 수건 : 공항 인근의 블루라군이나 **미바튼**(호수)Mývatn 지역에 있는 미바튼 네이처 배스 등 온천을 이용하려면 수영복이 필요하다. 블루라군에서는 입장료에 수건 대여가 포함되어 있지만 다른 온천, 예컨대 미바튼 네이처 배스 등에서는 빌려주지 않으므로 큰 수건 하나쯤 준비해 가서 나쁠 것은 없다.

⑤ 스마트폰 방수 케이스 : 요즘 판매하는 스마트폰은 생활방수 기능이 있어서 비나 안개비 등에는 안전할지 모르나, 장시간 온천에 있으면서 사진을 찍고자 할 때는 방수팩이 긴요하다. 케이스가 투명한 비닐로 되어 있어 목에 걸고 다니다가 스마트폰을 케이스에서 꺼내지 않고도 사진을 찍을 수 있다. 그렇게 찍은 사진의 품질이 그리 나쁘지 않았다. 물에 젖으면 곤란한 물품을 보관하기에도 좋은 것 같다(우리가 이용한 것은 National Geographic 제품이었다).

⑥ 안대 : 여름의 아이슬란드는 밤이 매우 짧고(레이캬비크에서 7월 15일 기준으로 오전 3시 41분에 해가 떠서 오후 11시 26분에 해가 지니 밤의 길이가 4시간 15분 정도), 한밤중이라고 해도 별로 어둡지 않다. 따라서 숙면을 위해 안대를 준비함이 나쁘지는 않을 듯하다. 그렇지만 우리가 숙박한 숙소의 경우, 예외 없이 블라인더를 내리면 외부의 빛이 완벽하게 차단되어 준비한 안대를 한 번도 쓰지 않았다.

준비물 목록		
분 류	항 목	명 세
필수품	여권	
	(렌터카 이용 시) 운전면허증	국내운전면허증, 국제운전면허증
	현금	
	신용카드(또는 체크카드)	
서류	예약서류	항공권, 렌터카, 숙박(앱으로 가능)
	여행자 보험증서	앱으로 대체 가능
소지품	기타	껌, 음악파일, 다용도칼, 휴지, 모기퇴치용 스프레이(벌레가 많은 미바튼 근처에 갈 때를 대비. 가지 않으면 불필요), 안경 드라이버
	도서 및 필기도구	여행 책자, 필기도구, 노트
	카메라	카메라, 액세서리, 셀카봉
	안경류	선글라스, 쌍안경, 보조안경, 안경닦이
화장/세면	화장품	화장품, 향수, 자외선차단제
	세면도구	칫솔, 치약, 비누, 샴푸, 린스, 빗, 로션, 가글, 손톱깎기, 안대
의류	방수용	비옷, 방수모자, 방수바지
	방한용	방한점퍼, 내의, 경량패딩, 방한모자, 목도리, 마스크
	수영복과 수건	온천욕용 (Blue Lagoon에서는 수건 무료 대여)
	방수커버	백팩 방수커버, 휴대폰 방수 케이스

<table>
<tr><td rowspan="2">음식류</td><td>식기류</td><td>보온병, 수저, 텀블러</td></tr>
<tr><td>식료품</td><td>밑반찬, 라면, 햇반, 커피/차</td></tr>
<tr><td>의약품</td><td>의약품</td><td>진통제, 해열제, 소화제, 지사제,
밴드에이드, 멜라토닌</td></tr>
<tr><td rowspan="2">통신</td><td>충전기기</td><td>멀티어댑터(한국과 동일 스펙),
보조배터리, 충전케이블</td></tr>
<tr><td>(렌터카 이용 시) 차량용</td><td>차량용 충전기, 차량용 폰 거치대</td></tr>
</table>

01 : 7월 12일

출발! 여행 시작

미혼 직장인들은 긴 휴가를 받아야 하므로 가기 전까지 직장 야근으로 엄청난 스트레스를 받았다고 불평하는데 전업주부들이라고 쉬운 줄 아나? 주부들에게야말로 여행은 출발하기까지 엄청나게 귀찮고 힘든 노동의 시간을 요구한다. 어떤 때는 차라리 안 가고 말지 싶을 정도로 집안일에 매진해야만 한다. 2주간 비워야 할 집안을 정리해야 하니까. 냉장고를 비워야 하고 빨래 남김없이 해치우고, 옷 정리, 방 정리 등등.

하지만 내게는 그것보다 더 신경 쓰이는 게 있었다. 백수의 시어머님을 시누님께 부탁드리고 가야 했기 때문이다. 아무리 걱정 말라 얘기하셔도 노인을 부탁드리고 가는 마음이 편할 수 없었다. 그동안 잡수실 반찬까지 마련해놓고 가야 했으니….

결국 가는 날도 짐 챙기고 2시간가량 겨우 눈 붙인 후 새벽에 가장 먼저 일어나 준비해야 하는 건 내 몫. 어머님 아침 챙겨드린 후 6시 반에 집을 나섰다. 공항에 도착한 후 언제나처럼 출국 수속과 면세점 쇼핑을 마친 후 10시 20분 인천공항 출발.

그렇게 정신없었던 며칠간의 준비를 마치고 드디어 떠났다. 내 일상으로부터!

일단 핀란드 헬싱키행 비행기(핀에어)에 몸을 맡겼다.

아이슬란드 가는 항공 편으로 직항이 없어 우리는 최단거리 노선인 헬싱키 경유를 선택했다. 인천에서 헬싱키까지 9시간 35분, 헬싱키에서 케플라비크(아이슬란드는 이 공항을 이용하여 입국하게 됨)까지 3시간 25분, 도합 13시간의 긴 여행이다.

국적기가 아니라 기내의 한국영화는 극소수이고 외화도 거의 영어자막인지라 일찌감치 영화 보는 건 포기하고 잠을 청했다. 누구는 휴대폰에 볼 만한 영상들을 담아가라고 하지만 가장 좋은 건 역시 '잠'이다. 확실한 휴식을 취하기 위해 수면제를 먹고 제법 곤하게 자고 나니 드디어 헬싱키 공항.

아이슬란드행 비행기로 갈아타려면 3시간 25분이나 남았다. 부족한 기내식을 공항 내 음식점에서 적당히 때우고 이런저런 면세점을 기웃대다가 비행기 시간을 남겨둔 채 게이트 앞에 앉았다. 잠시 물이나 사 마시려고 남편에게 체크카드를 달라고 했더니 이게 웬일? 분실한 것 같다는 것이다. 늘 잃어버리고 덤벙대는 건 내 몫이었는데 항상 완벽을 지향하던 남편의 일인지라 모두 멘붕에 빠져버렸다.

이때 처음으로 아들의 대처가 빛을 발했다. 아까 누군가 우리 바로 옆에서 분실된 카드를 항공사 직원에게 전달하는 소리를 들은 것 같다나. 한순간도 휴대폰에서 눈을 떼지 않으며 우리와 따로 노는 듯하던 아들이 어찌 그런 걸 들을 수 있었던 건지? 그 직원을 바로 찾지는 못했지만 아들의 기민함과 순발력 덕에 이리저리 동분서주하며 결국 다른 직원에게 신고하고 한참 기다린 끝에 카드가 우리 손에 돌아왔다. 후유… 카드를 찾아 우리한테 일부러 찾아와 건네주고 간 중국계 여직원, 너무 고마웠다.

살다 보면, 아니 여행이라는 또 다른 삶의 압축 현장에 있다 보면 이런 일이 얼마든지 일어날 수 있는 법. 다행이다. 하마터면 여행 시작부터 꼬일 뻔했다. 그 체크카드는 아이슬란드 여행 맞춤형으로 만든 것이었기 때문이다. 우린 이 카드만 믿고 환전도 하지 않았는데… 새로 태어난 기분으로 여행 다시 시작이다!

아이슬란드행 비행기로 환승한 후 거의 3시간 반을 비몽사몽 헤매다 (한국 시간 새벽 2~3시) 아이슬란드 상공에 다다라 창밖을 보니 성긴 구름 사이로 인가도 드문 너른 들판과 사방에 긴 물줄기가 여기저기 펼쳐져 있다. 위에서 보기에도 특이한 지형이란 생각이 든다.

케플라비크 공항에 도착하여 입국장으로 걸어 나가는데 바깥쪽 유리창마다 유명한 시인의 글이나 유명한 가수의 노래 구절들이 적혀 있는 게 보인다. 아이슬란드 사람들이 지구상의 어느 나라보다 가장 독서를 많이 하고 인구 대비 작가가 가장 많다고 하더니 역시… 그중 이 나라 유명 뮤지션 비요크Björk의 노래 'Jóga' 가사 중 '감동적인 풍경들, 그것들이 나를 어리둥절하게 한다'는 구절은 막 입국한 관광객들에게 무척이나 유혹적인 글귀였고 이후 여행 내내 가장 끄덕이게 만든 구절이었다.

오래 걸릴 줄 알았던 입국심사가 싱겁게 끝났다. 아예 입국심사가 없는 게 아닌가? 관광대국이라 그런가? 입국심사는 대개 무뚝뚝한 직원을 거치는 것으로 알고 있는데, 그 과정이 없다. 우리도 모르는 사이에 필요한 정보는 다 캐간 것인가?(한국에 돌아와 알고 보니 유럽의 셍겐조약에 가입한 나라끼리는 입국심사 없이 입국이 허용된다고 한다. 따라서 헬싱키에서 한 번 입국심사를 거치며 비행기를 갈아탄 사람들은 당연히 심사가 생략된 것)

공항을 나서기 전 면세점에서 필요한 물품을 구입할 수 있었다. 우리는 공항 내 상점에서 유심칩을 구입하고 면세점에서 맥주(6캔에 1,600크로나)를 샀다. 술은 공항에서 꼭 사 가라는 어떤 책 팁에 따라 맥주 6개 들이 카툰을 샀는데(모두 술이 센 편이 아니라서…) 나중에 좀 더 살 걸 하는 후회를 하게 된다. 술 수요가 많은 여행객이라면 면세점에서 아이슬란드 대표 술인 Vrennivin을 포함하여 넉넉히 사 가는 게 좋다. 술값이 비쌀뿐더러 마트(라이트 맥주는 판매)에서는 술을 팔지 않기 때문이다.

케플라비크 공항 조형물.
아이슬란드의 대표 작가 루리의 작품 '무지개'

렌터카 회사는 공항에서 그리 멀지 않은 곳에 모여 있었다. 공항 건물에서 나오면 렌터카 사무실로 가는 셔틀버스 정류장이 보인다. 셔틀버스가 우리를 렌터카 대리점까지 태워주었다.

한 시간 가까이(정확히는 모르나 우리는 그렇게 느꼈다) 기다린 후, 우리에게 인도된 차량(Mazda CX-3 AWD)을 보니 아뿔싸, 세 사람의 가방을 놓고 달리기엔 차가 좀 작다. 차량 렌트하는 데 너무 인색했나 보다. 분명히 스펙에는 4인승에 큰 가방 3개가 들어가는 차량이라고 되어 있었는데 뒤 트렁크에 가방 2개밖에 들어가지 않는다. 그 차를 이용해보지 않았기에 남편이 실수한 것이다! 친구 부부와 같이 왔더라면 어찌했을까 탄식하며 할 수 없이 뒷좌석에 가방 하나를 옆에 두고 내가 불편을 감수할 수밖에 없었다.

오랜 기다림 끝에 드디어 출발! 여하튼 이제 진짜 시작이다.

도로에 들어서니 바로 사진이나 화면으로 보던 아이슬란드의 전형적인 길이 양옆으로 펼쳐진다. 진부한 표현이지만 외계 행성에 온 느낌이란 말이 딱 맞다. 그런데 그 너른 들판에 양들이 보인다. 그것도 가끔 2~3마리 정도씩. 양에 대한 선입견을 버리게 한 검은 양이 있다는 것도, 흔히 생각하듯 떼로 모여 있는 게 아니라 2~3마리씩 굼벵이처럼 점점이 박혀 있는 모습이 일반적이라는 것도 특이했다.

너른 들판에 가끔 양들이 보인다.

하프나르피요르두르Hafnarfjörður에 있는 숙소(Maríubær

Apartment; Smyrlahraun 6, Hafnarfjörður, 220)에 도착하니 9시. 이곳은 케플라비크 공항에서 레이캬비크보다 10km 정도 못미처 나타나는 레이캬비크 위성도시이다. 예상대로 아주 조용한 주택가에 있는 숙소인데 꽤 만족스럽다.

도시 이름이 어렵다. Hafnar는 항구(port), fjörður는 피오르fjord라는 뜻인데, 이처럼 아이슬란드어에는 독일어처럼 복합명사가 많은 듯하다. 여기서 사족 하나. 아이슬란드어는 몇 세기 동안 원형이 그대로 보존되어 변화되지 않은 언어라고 한다. 그래서 아이슬란드 사람들은 아이슬란드 사가와 고서적 등을 그대로 읽을 수 있단다. 세종시대의 용비어천가를 우리가 현대어처럼 읽고 이해할 수 있다는 얘기?

가져온 오징어덮밥으로 저녁을 때우고 가방을 정리했다. 9시라도 바깥이 너무 환한데 바로 취침 모드로 들어가기 아쉬워서 피곤해하는 남

하프나르피요르두르 해변

편은 놔두고 아들과 함께 마을 산책에 나섰다. 요란한 음악소리를 따라가 보니 마을 축제로 하는 콘서트란다. 하지만 입장료를 4,000크로나나 내야 한다기에 기웃거리다가 그냥 돌아 나왔다. 동네가 해안가라서 바닷길이 산책로로 잘되어 있었다. 제주도처럼 거의 현무암 일색인 바닷가를 한 바퀴 걸으며 아담한 마을 사진을 찍고 돌아왔다.

제법 큰 마을인데, 나중에 귀국하여 찾아보니, 아이슬란드에서 세 번째 큰 도시였다. 시간 여유가 있다면 여기서도 하루쯤 머물며 다닐 곳이 많을 듯하다. 남편이 여기도 갈 만한 곳을 두 군데 정도 선정해두었다는 것을 나중에 들었다.

그런데 내일부터 시작될 사진촬영을 위해 DSLR을 신주 모시듯 가져온 아들에게 청천벽력 같은 일이 일어났다. 어떻게 된 셈인지(카메라 위에 무거운 짐을 놓았기 때문인가 싶다.) 렌즈 뚜껑이 안 열려 온갖 노력을 다해 열다 보니 렌즈가 고장 나버려서 그 상태로는 사진을 찍을 수 없었다. 어쩌나. 아들의 실망은 말할 것도 없고 우리까지 우울해졌다. 그래도 다시 마음을 다스려 잠자리로 들어간 아들이 대견스러웠다.

11시. 제대로 잘 수 있으려나?

* * *

첫날 숙소는 어느 도시에서?

우리 일행이 케플라비크 공항에 도착한 시각은 오후 6시 35분이었는데, 그 후 짐 찾고, 쇼핑하고 차량 렌트 등을 하고 나니 밤 9시가 훌쩍 넘었다. 이 시각에 레이캬비크까지 가면 10시가 넘을 것이고 이 시각에 피곤한 상태에서의 시내 투어는 어려울 것 같았다. 다음 날 바로 다른 곳으로 이동할 것이라면 숙소를 굳이 레이캬비크로 정할 필요가 없다고 생각한다. 만일 골든 서클이 다음 날 행선지라면 하프나르피요르두르가 적당한 것 같다.

이곳은 케플라비크 공항에서 레이캬비크보다 10km 정도 못미처 나타나는 레이캬비크 위성도시이다. 레이캬비크 시내에 비해 방값이 싸고 조용한 데다 주차도 편하다. 골든 서클까지 가는 데는 시간과 거리 면에서 레이캬비크에서와 거의 차이가 없다.

여행객이 대량으로 구입할 물건이 있을까마는 이곳에서 가까운 곳(5분 거리)에 코스트코Costco가 있다는 것도 매력적인 요소일 수 있겠다.

02 : 7월 13일

ICELAND

아이슬란드 맛보기,
골든 서클

주요 일정 : 자동차 이동거리 235km

숙소(Hafnarfjördur 소재) → Þingvellir 국립공원(Öxarárfoss, Lögberg, Silfra) → Laugarvatn Fontana(런치 뷔페) → Efstidalur II-Kaffihús/ísbúð(아이스크림) → Geysir → Gullfoss → 숙소(Hvolsvöllur 소재)

3시간가량 잔 후 눈을 떠보니 새벽 4시 30분. 샤워와 화장에 아침 준비 다 해도 6시. 아들까지 깨워 아침 차려 먹고 아무리 게으름을 피워도 8시에 출발하지 않을 수 없었다. 여행 첫날이니 그러려니 하면서.

우리 계획은 이곳에서 출발하여 시계 반대방향으로 도는 것이다. 따라서 첫 목적지는 그 유명한 **골든 서클**Golden Circle이다. 싱베들리르 국립공원과 게이시르, 귀들포스를 잇는 코스로 아이슬란드에서 가장 많이 알려진 대표적 명소다. 잠깐 아이슬란드를 맛보려면 이 정도에서 그치는 경우도 많다. 레이캬비크에서 하루 코스로 많이 가는 곳이기도 하다.

출발하기 전 점심거리를 사기 위해 가까운 곳에 있는 Kronan이란 식료품점에 갔다. 하지만 아직 개점하지 않아(개점시간 오전 9시), 주차장에서 만난 그 지역 사람의 추천으로 옆의 빵집에 들어가 몇 가지를 샀다.

싱베들리르 국립공원의
무인 주차비 정산기

가는 길은 어제보다 더 넓고 광활한 새로운 행성의 벌판이다. 그 특이한 풍광에 입을 벌리고 감탄하다 보니 어느새 **싱베들리르**Þingvellir **국립공원**에 도착했다. 아이슬란드에서 1928년 최초로 지정된 국립공원이자 유라시아판과 북아메리카판이 지상에서 만나는 곳. 그것이 해마다 2cm씩 벌어진다는 곳.

아무도 없는 벌판을 달려왔다 싶었는데 이곳에 와보니 관광객 무리가 가득하다. 아이슬란드에서 가장 대중적인 관광지라 그런지 마치 패키지 여행을 온 듯하다. 관광객들이 쓰는 언어를 보니 지구상의 모든 나라에서 다 온 것 같은 착각을 하게 된다. 가장 유명한 골든 서클의 첫 포인트이니 그럴밖에.

트레킹이 시작되는 지점에 서니 2004년 유네스코 세계문화유산으로 지정되었다는 것에 수긍이 간다. 그만큼 신기한 지형의 자연이 끝없이 펼쳐진 곳이고, 바다 밑이 아닌 육지에서 두 대륙이 만난다는, 아주 큰 의미를 지니는 곳이다. 왼쪽은 검은 바위 절벽이 줄지어 서 있고 오른쪽은 광활한 **싱바들라바튼**Þingvallavatn이라는 호수와 개울, 습지가 널따랗게 펼쳐져 있는 곳(vatn은 호수라는 뜻).

편히 걸을 수 있게 잘 정리된 트레일이 여럿 있으나 우리는 비지터센터에서 P5 주차장 옆의 다리를 건너 옥사라우Öxará강을 따라 올라가다가 옥사라우르포스 폭포에 간 후, 주차장으로 돌아올 때는 열하(fissure)를 확인하며 단층으로 생긴 길을 택하기로 했다(총 4.2km인데 단층을 따라 같은 길로 다녀오면 3.6km).

옥사라우르포스Öxarárfoss로 이어지는 트레일은 단층계곡을 따라 만들어져 양쪽 대륙판 사이에 꽤 넓은 길이 보도처럼 펼쳐져 있다. 지층이 갈

싱베들리르 국립공원의 열곡대.
두 대륙의 갈라진 모습이 확연히 드러나 있다.

라진 틈으로 올라온 단층에 퇴적물이 쌓여 지금의 산책로가 만들어졌다고 한다. 산책로의 왼쪽과 오른쪽의 높이가 다른 것은 단층으로 오른쪽이 침강했기 때문이란다.

먼저 화산암으로 된 검은 바위 절벽을 끼고 단층이 만들어놓은 평탄한 길을 걷기 시작했다. 그야말로 다른 곳에서는 볼 수 없는 멋진 트레킹 코스. 아무리 걸어도 지치지 않을 정도로 사방이 확 트인 너른 들판과 습지 곁을 걷는 이 시간이 현실 같지 않다.

그런 벌판을 걷는 건 힘들지도 않고 기분 좋은 일이었기에 한없이 걷고 싶었으나 광대한 트레일 전체를 다 돌자면 한도 끝도 없기에 우리는 냇물과 습지를 이리저리 건너면서 옥사라우르포스까지만 걸어 돌아오기로 했다. 강인지 호수인지 개천인지 여기저기 들판 사이를 가로지르는 물길이 끝도 없이 이어지는데 전혀 지루하거나 지치지 않는다. 땅덩어리가 조그맣고 평야가 적은 우리나라에서는 경험해보기 어려운 이 드넓은 개울과 벌판이야말로 아이슬란드다운 트레킹이 어떤 것인가를 처음으로 맛보게 해준 공간이었다.

넓은 습지와 벌판을 지나 비교적 짧은 거리의 반환점을 돌아 그리 높지 않은 바위 절벽을 올랐을 때 작은 폭포가 떨어지고 있었다. 앞으로 볼 폭포에 비해서는 규모가 아주 작았지만 주변의 풍광이 예뻤다. 그나마 조금 올라왔다고 아까 걸었던 넓은 들판과 끝없이 이어지는 구불거리는 개울들이 한눈에 내려다보인다. 느긋하게 하루를 보낼 사람이라면 트레킹 코스 중 이곳을 마지막으로 하여 여유 있게 산책하는 것도 한 방법이겠지만 우린 갈 길이 바쁘다. 이만 시선을 거두고 내려올밖에.

싱바들라 교회 근처에서 본 싱베들리르 국립공원.
멀리 단층계곡을 따라 형성된 산책길과 로그베르그가 보인다.

양쪽 대륙판 사이 단층으로 벌어진 드넓은 길이
기분 좋은 산책로로 펼쳐져 있다.

되돌아오는 길에는 **알싱기**Alþingi라는 최초의 의회가 열렸던 **로그베르그**Lögberg와 **드레킹가르힐루르**Drekkingarhylur(1602-1750년 동안 혼외 임신한 여성 18명을 물에 빠뜨려 익사시킨 물웅덩이. 끔찍하다!)가 있다. 로그베르그는 사람들이 모여 의회를 연 장소로 광장과 같은 드넓은 들판이다. 넓고 평탄한 광장 같으면서도 그 사이로 개울과 잡목들이 어우러져 인간과 대자연이 분리되지 않는 자연스러움을 느낄 수 있게 한다.

주차장에서 나와 36번 도로로 북쪽을 향하다 관광안내 센터에서 간단히 간식을 먹었다. 비싸기만 하고 맛은 별로였다. 앗차, 그러고 보니 세계테마기행에서 보았던 실프라를 지나쳐버렸다! 싱베들리르 내의 호수인 싱바들라바튼의 **실프라**Silfra 다이빙 지역으로 다시 되돌아 달려갔다.

스쿠버 다이빙이나 스노클링하며 티없이 맑은 호숫물 속에서 마주하는 두 대륙의 갈라진 틈을 직접 보는 곳. 물론 우리는 물에 들어갈 생각이 없었지만 들어가는 사람들과 풍광은 보고 싶었다. 비가 오고 추운데도 액티비티 좋아하는 젊은이들이 수중복을 입고 스쿠버 다이빙을 준비하거나 물로 들어가는 모습을 볼 수 있었다.

와보니 화면에서 보던 것과 달리 입구 규모는 작았다. 화면으로 볼 때는 마치 바다 같았고 규모도 큰 협곡 사이로 잠수해 들어가는 듯 보였으나 막상 보니 바다가 아니라 호수였고 협곡도 아주 나지막하고 작아서 많이 실망했다. 그래도 실제 물속에 들어간 사람들은 바닥을 알 수 없는 깊이에 꽤 무서웠다고 한다. 하지만 물속에 들어갈 사람이 아니라면 굳이 가볼 필요는 없지 않을까.

보고 나오는 길에 사진 하나 찍기 위해 길 바로 옆 잔디밭으로 한 1m

실프라. 수중복을 입고
스노클링을 하러 들어가려는 사람들이
입구에 기다리고 있다.

쯤 들어갔는데 즉시 직원으로부터 혼났다. 첫날부터 '아이슬란드에서는 자연을 철저히 보호하셔야 합니다'라는 단단한 경고를 받은 셈이다.

싱베들리르 국립공원에서 36번 도로와 365번 도로를 거쳐 게이시르를 향해 가던 길에 **뢰이가르바튼**의 **폰타나 온천**Laugarvatn Fontana에 들렀다. 지열로 만든 빵을 판다기에(이것도 세계테마기행에서 본 것) 그걸 사러 잠깐 들른 것이다(결국 나중에 음식점에서 먹어봤는데 그다지 맛있는지는 모르겠다). 하지만 빵 사는 곳은 찾지 못하고 온천 내 식당에서 예정에도 없던 점심을 뷔페로 먹게 되었다.

뢰이가르바튼 호수와 폰타나 온천.
이 건물 1층에 뷔페식당이 있다.

식당 유리문으로 보이는 노천 온천에서 천연사우나와 온천욕하는 사람들이 부러웠다. 블루라군 같은 데보다 오히려 이 작은 온천이 더 낫지 않을까 싶을 정도로 주변 풍광도 좋고 수질도 좋은 듯했다.

작은 규모이긴 했으나 예쁘고 무엇보다 음식이 괜찮았다. 1인당 2,900크로나. 이 정도 가격이면 한국의 점심 뷔페 수준 아닌가? 아까 간식(샌드위치였는데 먹었다기보다 해치웠다는 표현이 어울리는…)을 먹으며 실망했던 기분을 다시 회복했다.

점심을 잘 먹고 나서 유명하다는 **에프스티달루르**Efstidalur II 목장카페에 들러 아이스크림을 먹었다(3개에 950크로나). 원래는 여기서 점심 먹을 생각이었는데 폰타나의 괜찮은 뷔페 덕에 아이스크림만 먹게 된 것. 유리창

아이스크림이 맛있었던
에프스티달루르 목장카페

을 통해 외양간의 소를 구경하면서 먹을 수 있는 구조인데 1층은 아이스크림, 2층은 식사를 할 수 있도록 되어 있다. 무엇보다 아이스크림이 꽤 맛있었다.

지평선이 계속되는 끝없는 벌판을 달려 **게이시르**Geysir(영어 Geyser의 어원이라고 한다), 간헐천에 도착했다. 전에 미국 와이오밍주의 옐로스톤에서 엄청난 규모의 올드 페이스풀Old Faithful이라는 간헐천을 보았던지라 작은 규모에 약간 실망했다. 하지만 올드 페이스풀에서는 가까이 접근할 수 없어 아주 먼 곳에서 그것도 한참이나 기다렸던(50분?) 기억이 나는데, 여기 **스트로쿠르**Strokkur에서는 가까이 갈 수 있을뿐더러 5분, 10분 정도 간격으로 30m 가까운 높이까지 온천수가 치솟아 오른다는 점이 달랐다.

그만큼 이곳 지형이 더 젊다는 증거 아닐까? 아이슬란드가 여전히 살아 있는 화산 섬이라는 걸 여실히 증명해주는 곳.

게다가 아주 가까이까지 접근할 수 있어 더욱 박진감과 현실감을 느낄 수 있었다. 여기서는 한 번 용출 순간을 놓쳐 사진에 실패했더라도 약간만 더 기다리면 금세 다시 솟아올라 결국 사진을 찍을 수밖에 없다. 이렇게 자주 땅에서 뜨거운 물이 솟구쳐 오르는 곳에서 지구의 탄생이나 지질에 대해 생각해보지 않을 수 없다는 건 너무나 자연스런 일이다. 잠깐 방문한 나조차 한국에 돌아가 화산과 지진에 대해 공부 좀 해야겠단 생각이 들 정도이니….

아이슬란드에서 자주 볼 수 있는 루핀 꽃

암튼 맑은 날이 아니라 그리 선명하고 화려하진 않았으나 그럭저럭 셋이 각자 한 번씩 사진에 성공한 후 그곳을 떠날 수 있었다(하지만 돌아와 보니 날이 흐려 하늘과 물을 구별하기 힘들 정도로 사진이 희미하다. 별로 성공이라 하기 힘든 사진뿐).

여전히 가는 길은 절대로 졸 수 없는 아름다운 벌판. 벨링햄(남편의 안식년인 2008년 1년 동안 살았던 미국 서부 워싱턴주 북쪽의 소도시)에서 이 계절 가장 많이 보았던 보라색 루핀lupine이 밭을 이루고, 멀리서도 노랗게 반짝이는 미나리아재비buttercup가 가득한 사이에 이름

게이시르의
스트로쿠르.
꽤 잦은 간격으로
온천수가 솟아난다.

모를 하얀 꽃들까지 섞여 들꽃의 향연을 벌이고 있었다. 그중에서도 루핀 벌판은 눈에 확 띄는 보랏빛으로 단연 이 계절의 아이슬란드 전체를 상징하듯 어디서나 존재감을 확실히 드러내고 있었다.

드디어 골든 서클의 마지막 코스인 **귀들포스**Gullfoss. gull은 황금, foss는 폭포라는 뜻이다. 이곳에서 처음 만난 어마어마한 폭포다. 물의 양이 상상을 초월한다. 드디어 아이슬란드의 본모습이 드러나기 시작한 게다!

먼저 아래쪽 트레일로 갔다. 2단으로 된 엄청난 폭포의 세찬 힘에 눌려 물을 뒤집어쓰다시피 구경하다 미끄러운 돌들 사이로 넘어져 가족을 놀라게 했다. 폭포 가까이는 사방 자갈이나 바위들이 젖어 있어 조심해야만 하는 길이었다. 크게 다친 것 같지는 않은데 내일 일어나 보면 어떨지….

그럼에도 이 폭포를 위에서 조감하기 위해 아픈 팔을 주무르며 다시 계단을 올라 위쪽 트레일의 전망지점에 이르렀다. 폭포의 발원부터 바라보니 2단이 아니라 최종 내리막 3단 꺾임까지 있다는 걸 한눈에 내려다볼 수 있었다. 대단한 폭포다. 날이 좋았다면 무지개도 볼 수 있었으련만….

골든 서클 쪽은 가장 유명한 코스라 그런지 대체로 많이 붐비고 상업적 느낌도 많이 나는 곳이다. 하지만 그중 가장 인상적인 곳을 대라면 역시 귀들포스라는 게 아들의 의견이다. 그럼에도 내가 처음 마주친 이 어마어마한 폭포의 감동과 규모를 이 정도로밖에 표현하지 못한 건 아마 이것이 장기 기억 속에 완전히 저장되기도 전에 더 대단한 폭포와 다양

위에서 본 귀들포스

가까이서 본 귀들포스

한 물줄기들을 연이어 만나게 된 때문이리라. 그 정도로 아이슬란드는 폭포의 나라다.

다시 천천히 너른 벌판을 걸어 기념품점을 둘러본 후 아들이 되돌아 내려가 가져온 자동차에 올랐다. 인적이 전혀 없는 곳에 잘생긴 말들이 가끔 이 벌판의 주인인 듯 말갈기를 휘날리며 노닐고 있다.

왼쪽은 그랜드캐니언, 오른쪽은 제주 성산 일출봉이라는 아들의 비유에 웃었지만 어떤 부분에서는 제주의 특정 지역을 확대한 느낌도 든다. 아마 화산섬이라 그런 듯. 가끔 광대한 초지를 미국의 황량한 벌판과 비교해보기도 하지만 확실히 그 벌판과는 다르다. 미국의 그저 넓기만 한 시골 풍경에는 다소 황량해도 사람의 개발 의지가 느껴진다. 하지만 여긴 그 이전이다. 사람의 발길이 전혀 닿지 않은 듯한, 처음으로 보는 새로운 지형이란 느낌. 영화 '인터스텔라'나 환타지 서사를 이곳에서 촬영한 이유일 게다.

한참을 달려 오늘의 숙소에 도착. **크볼스보들루르**Hvolsvöllur란 곳. 이곳은 왜 이리 이름들이 어려운지. 아무리 이름을 읽어봐도 입에 붙질 않는다. 발음이 맞는 건지도 모르겠고. 원래 예약한 에어비앤비가 주인의 개인적 사정으로 숙박 일주일쯤 전에 취소되어 부랴부랴 급히 구한 곳이라 어제 숙소에 비해 초라하다. 그나마 성수기에 방을 구한 것만도 다행이라 생각했다. 반지하 형태의 숙소였는데 전반적으로 좁다. 하지만 단 하루일 뿐이니 참기로 하고 아까 마켓에서 산 빵과 계란, 치즈로 저녁을 마친 후 취침.

역시나 난 가장 늦게 잠자리에 들었다. 10시쯤.

* * *

첫날인 만큼 신기하고 너무 좋았지만 역시 사람들이 붐비는 곳은 역설적으로 뭔가 인간미가 떨어진다. 오늘 코스가 딱 그러했다. 지금 생각해보면 큰 임팩트는 없었던 것 같다. 하지만 귀들포스는 그 어마어마한 규모 때문에 꼭 봐야 할 곳이라고 생각된다.

우리 숙소는 사실 그런대로 괜찮은 곳이었다. 한적한 시골 농장에 손님은 우리밖에 없었고, 공간도 넉넉했으며, 주변에 말 몇 마리가 서성이고 있는 평화로운 곳이었다. 환경을 엄청나게 생각하는 나라라 그런지 모르겠으나 쓰레기 분류하는 법이 좀 까다로웠던 기억이 난다.

* * *

점심과 간식 : 뢰이가르바튼에 있는 Fontana 온천 내 식당의 런치뷔페를 추천한다(배고프면 중도에 간식거리로 때우고). 그리고 아이스크림이나 음료수는 목장식 카페인 Efstidalur II에서 하는 것이 어떨까 한다(아이슬란드에서 꼭 해봐야 할 것 중 하나로 목장식 식당/카페에서의 경험을 들고 있는데, 이에 대한 가치를 별로 느끼지 않는다면 여기는 패스해도 될 듯하다).

온천욕 : 온천을 즐기고 싶다면 뢰이가르바튼의 Fontana(3,800크로나)나 플루디르Flúðir에 있는 'Secret Lagoon' Gamla Laugin(2,500크로나)을 이용할 수 있다. 전자는 싱베들리르 국립공원에서 게이시르로 가는 길에, 후자는 귀들포스에서 셀포스 쪽으로 가는 길에 있다.

주차요금 : 아이슬란드에서는 큰 도심 외에 거의 무료주차가 가능한

데 싱베들리르 국립공원은 주차료를 받는다. 우리나라와 같이 차단기가 있는 것도 아니고 주차요금을 받는 직원도 없다. 비지터센터 건물(무료화장실도 있음) 안에 있는 자동정산기에서 카드로 결제하게끔 되어 있다. 싱베들리르 국립공원의 주차요금은 750kr이다. 자동정산기에 렌트한 차량의 번호를 입력할 때 번호판의 가운데에 있는 두 자리 숫자(validation sticker)는 입력하지 말아야 한다(이 번호는 이 차량의 안전검사를 받아야 하는 연도를 나타내는 것).

Gullfoss : 크비타Hvita강 협곡에 2단으로 되어 있는 폭포. 낙차가 위는 11m, 아래는 20m이다. 트레킹 코스가 위와 아래 두 군데이고 두 코스는 계단으로 연결되어 있다. 주차장도 위아래 모두 있다. 양쪽의 주요 스팟을 다 둘러봐도 2km 이내(고도차 32m) 거리이다.

아래쪽 트레일에서는 폭포에 아주 가까이 접근할 수 있어 흩뿌리는 안개비로 옷이 젖으므로 비옷을 준비하는 것이 좋다. 아울러 길이 미끄러우니 조심해야 한다. 위쪽 주차장에는 선물가게, 찻집, 화장실(무료 이용 가능) 등이 있다.

오늘의 베스트 3

	20대 남자	60대 여자	60대 남자
1	귀들포스	싱베들리르 국립공원	싱베들리르 국립공원
2	게이시르	귀들포스	귀들포스
3	폰타나 온천 뷔페	게이시르	게이시르

03 : 7월 14일

폭포와 이끼와 검은 모래 해안에서

주요 일정 : 자동차 이동거리 200km

숙소 → Seljalandsfoss & Gljúfrabúi → Skógafoss → Dyrhólaey → Reynisfjara → Vík → Eldhraun → Fjaðrárgljúfur → 숙소
(Kirkjubæjarklaustur 소재)

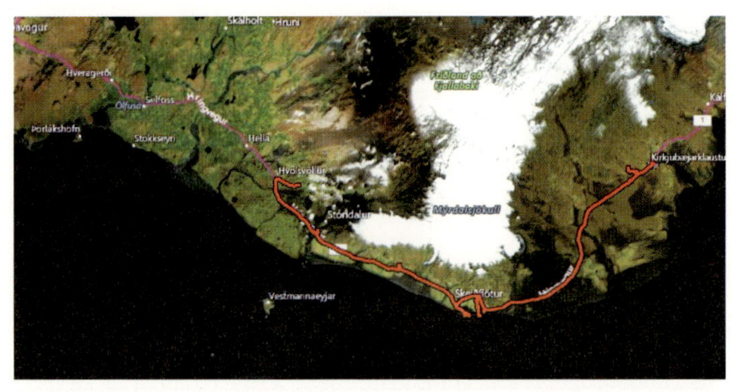

깨어보니 2시 반이다. 어이가 없어 다시 누워 잠을 청했으나 결국 뒤척이다 4시 반에 일어나고 말았다. 간단한 아침 식사 후 또다시 짐을 챙겨 오늘 일정 시작.

숙소에서 출발하여 셀랴란드스포스를 향해 동쪽으로 달린다. 이 폭포 바로 못미처 강 건너기 전 주차공간에 차를 세워봤다. 여기서는 강 건너 셀랴란드스포스와 그 주변이 한눈에 보인다. 하지만 다시 강을 건너 바로 좌회전해야 **셀랴란드스포스**Seljalandsfoss 주차장(주차료 700크로나)에 들어설 수 있다. 그곳에 차를 세우고 폭포 쪽으로 걸었다.

귀들포스가 수평으로 퍼진 넓이를 가졌다면 셀랴란드스포스는 우리나라에서 흔히 생각하는 폭포 관념에 가까운 수직으로 긴 폭포. 물론 그럼에도 우리나라의 폭포에 비하면 엄청나게 폭이 넓다. 폭포수가 안개비를 형성하기 때문에 길이 젖어 있고 옷도 다 젖게 되므로 비옷을 착용하는 게 좋다.

이 폭포는 마치 짱구처럼 폭포의 윗부분이 앞으로 튀어나와 있어서 폭포 뒷부분에 공간이 있다. 사방에 흩어지는 폭포수를 맞으며 그 공간으로 들어갔다. 반드시 뒷면을 보아야 하는 폭포라기에. 그렇게 바라보니 모든 것이 아주 새로웠다. 쏟아지는 폭포 뒷면에 서니 무엇보다 주렴

셀랴란드스포스 전경

셀랴란드스포스 안쪽에서 본 바깥 모습

같은 물줄기 사이로 야생화와 드넓은 평원과 강이 펼쳐진 걸 볼 수 있어 마치 폭포라는 창을 통해 바깥세상을 바라보는 듯했다. 날이 좋았다면 무지개도 보고 훨씬 더 아름다웠을 텐데. 이번 여행에서는 날씨 때문에 폭포의 무지개를 단 한 번도 못 봤다.

곧이어 근처에 숨어 있는 폭포, **글류프라부이**Gljúfrabúi가 또 있다기에 옆의 텐트촌이 펼쳐진 길로 들어섰다. 다 온 듯한데 아무리 보아도 폭포로 오르는 길이 없다. 겨우 미끄러운 바위에 올라섰으나 더 이상은 위험하기에 포기하고 아들만 올려 보낸 후 내려왔는데 몇몇 사람들이 아래쪽

글류프라부이 입구.
바위 뒤에 숨겨져 있다.

바위 안쪽으로 들어가
글류프라부이 앞에서 찍은
가족 사진

에 있는, 폭포가 흘러내려온 개울 한복판으로 들어서는 게 보였다.

아들이 내려와 얘기하기를 올라가도 폭포의 일부밖에 보이지 않았다기에 우리도 한번 그들을 따라가 보기로 했다. 바위틈을 헤집고 개울물을 첨벙이며 웅크린 자세로 좁은 공간을 빠져나오는 순간, 아! 폭포가 완전한 자태를 보이며 쏟아져 내리고 있었다. 이래서 이 폭포를 숨어 있다고 하는구나 감탄하며 열심히 셔터를 눌렀다.

하지만 사진으로는 너무 평범한 폭포일 뿐, 처음 바위틈을 헤집고 들어가면서 발견한 놀라움과 감동을 전할 수 없다. 이래서 사진이 절대로 전할 수 없는 자연의 실경이 꼭 있다는 걸 절감했다. 아쉬웠지만 다음 코스도 유명한 폭포(스코가포스)라기에 그곳을 떠났다.

왼쪽은 검은 화산에 기슭만 푸른 초지로 이뤄진, 마치 붓으로 그려낸 듯한 산들이 연속된다. 나무 없이 이끼나 풀들로 뒤덮인 산들이 기기묘묘한 형상으로 광활하게 펼쳐지지만 그래도 이곳이 사람 사는 지구란 생각이 들게 하는 건 그 산기슭에 가끔 빨간 지붕의 집 한두 채가 띄엄띄엄 달력의 사진처럼 펼쳐지기 때문이다. 노란색, 흰색, 보랏빛의 야생화들이 이 땅을 따뜻한 곳으로 느끼게 한다는 것 역시.

오늘도 어제처럼 날이 흐리고 비가 조금씩 뿌려대니 산꼭대기는 물안개와 구름으로 덮여 아주 몽환적이다. 날이 개지 않아 투덜대다가도 어쩌면 이것이 아이슬란드의 진면목을 가장 잘 보여주는 풍경이 아닌가 싶어 날씨에 적응하기로 한다.

스코가포스를 향해 가다가 몇몇 차들이 주차해 있고 사람들이 산기슭에 모여 있는 게 눈에 띄어 우리도 차를 세웠다. 안내판을 보니 **드랑스흘리드**Drangshlíð라고 한다. **에이야피요들**Eyjafjöll 기슭 드랑스흘리드 농장 아래 있는 거대한 응회암이다. 예전에 산기슭에 붙여 바위굴을 이용하여 만든 집이 있었던 곳. 말하자면 오래된 천연 토굴형 집이라고나 할까? 그렇게 산의 바위를 집 뒷면으로 하여 토굴처럼 이뤄진 집이라 추위를 피하기엔 안성맞춤이었을 게다. 폐창고처럼 버려지던 것을 아마 다시금 복원하려고 받쳐놓은 듯했다.

예정에 없던 전통가옥을 잠시 들여다본 후 다시 달려 드디어 **스코가포스**Skógafoss에 도착. 엄청난 규모이긴 했으나 텔레비전이나 사진으로 워

드랑스흘리드. 바위에 붙여 지은 전통가옥

위는 검은 화산인데 기슭은 나무 없이 이끼나
푸른 초지로 이뤄진 전형적인 아이슬란드 풍경

스코가포스 옆으로 오르는 계단

낙 많이 본 곳이라 첫인상이 그다지 감동적이진 않았다. 그래도 반드시 폭포 오른쪽 길로 올라가 그 위에서 보아야 한다기에 긴 계단을 허위허위 올라갔다. 전망대까지 300m 거리에 고도차(elevation gain; 제일 낮은 곳과 제일 높은 곳의 높이 차이)가 60m로, 걸어서 10분쯤 걸리지만 힘들어서 엄청 오래 걸었다는 느낌이었다. 계단이 힘들어 천천히 오르며 몇 번이나 다시 내려갈까 망설였으나 막상 올라가 보니 역시 오르기를 잘했다 싶었다.

풍경이 달라졌다! 폭포의 웅장함도 그 아래의 너른 들판과 어우러져 대단했지만 무엇보다 폭포로 쏟아져 내리기 전, 계곡의 물줄기와 나지막하고 자잘한 폭포들이 큰 폭포로 만들어지는 과정이 멋있었다. 전망대에서부터 폭포의 상류 방향으로 트레킹 코스가 있는데 상류에 있는

계단으로 올라 바라본
스코가포스의 상류 지점

또 다른 폭포까지도 그리 멀지 않아 보인다. 위쪽으로 계속 걸어보고 싶었지만 빗줄기가 커져 거기까지만 보고 천천히 내려왔다. 내려오며 바라보는 광활한 들판과 폭포가 아래에서 보던 것과 달리 훨씬 가슴을 후

정면에서 바라본 스코가포스.
TV나 사진에서 자주 보아온 풍경이다.

련하게 해주었다.

내려와 그곳 호텔에 있는 레스토랑(Fossbúð)에서 점심을 먹었다. 원래 Mia's Country Grill(피시앤칩스가 유명하며 가성비가 높다고 함)이라는 푸드트럭에서

점심을 할 계획이었으나, 비가 오는 데다 춥기도 해서 전혀 야외 식사할 기분이 아니었다. 이 나라는 생선이 싱싱한 곳이라 그런지 레스토랑에서 먹는 피시앤칩스도 맛이 꽤 괜찮았다. 대체로 대구와 감자를 튀긴 것인데 생선이 싱싱해서 튀김옷을 입혀도 아주 부드러웠다.

바깥은 비가 제법 굵어졌지만 맛있는 점심을 먹으니 그다지 불만이 없어져 다음 장소인 디르홀라이를 향해 신나게 달렸다.

링로드에서 빠져나와 218번 도로로 약 5km 달리면 **디르홀라이**Dyrhólaey 위쪽과 아래쪽으로 가는 분기점이 나온다. 직진하면 아래쪽 주차장이고, 오른쪽 길을 택하면 위쪽 주차장으로 가게 된다. 이 지역은 곶의 형상이라 바람이 센 편이다. 아래쪽 주차장(유료화장실이 있다; 200크로나)에 차를 세워놓고 전망대 쪽으로 걸어 나아가니 절벽 아래로 검은 모래사장과 바다가 펼쳐진다. 왼쪽에는 아주 멀리 촛대처럼 생긴 현무암 바위(Reynis-drangar) 2개가(2개로 보였다! 나중에 보니 여러 개였다), 오른쪽엔 네모난 상자에 구멍

디르홀라이 가는 길

이 뚫린 모습의 코끼리 바위(이 바위를 디르홀라이라고 함)가 바닷속에 우뚝 서 있다. 그 바위는 사진에서 본 듯했다. 커다란 직육면체 바위에 2개의 문이 뚫려 있는 듯한 모습(디르홀라이는 '섬의 문'이라는 뜻이라고 한다).

그런데 가만히 보니 사람들은 그 바위들과 바다에 집중하는 게 아니라 한쪽 절벽에 우르르 몰려 있다. 우리도 덩달아 다가가 보니 갈매기와 아이슬란드 고유종인 퍼핀Puffin이 서식하는 곳이었다. 이곳은 퍼핀 외에도 50여 종의 새가 서식한다고 한다. 검고 흰 몸통에 부리가 빨간 자그마한 새가 절벽 구멍에 둥지를 틀고 울어대며 날아다니니, 여기저기 망원렌즈를 장착한 DSLR 카메라가 세워져 있고 사진 찍는 사람들로 붐볐다. 여기도 뉴질랜드처럼 동떨어진 섬나라인지라 고유종의 생물이 보존될 수 있었나 보다.

디르홀라이의 위쪽 지역을 가기 위해서는 주차장에서 나오다 바로 왼쪽 비포장도로로 1.4km 올라가야 한다. 여기는 등대가 있는 곳인데 차로 올라가는 길이 좁고 꽤나 험했다. 반대방향에서 차가 오면 한참 동안 비켜서야 하는 길. 차로 가지 않고 아래쪽에서 걸어갈 수 있는 트레일이 있지만 고도차가 236m나 되고 왕복 4.5km 코스이다. 우리는 갈 길이 멀어 쉬운

디르홀라이에서 만난 퍼핀

방법인 차로 이동했다. 이번에는 같은 풍경을 위쪽에서 둘러보는 것이었다(한 바퀴 도는데 500m).

여기서는 코끼리 모양의 아치형 바위를 비교적 가까이 볼 수 있었다. 바위 위로 다닌 흔적이 있는 것으로 보아 예전엔 코끼리 바위 위까지 갈 수 있었나 보다. 꽤 위험해 보인다. 나는 허락해도 갈 수 없을 듯. 절벽 아래로는 아래쪽에서 보이는 것과 다른 모습의 모래 해변과 푸른 들이 끝없이 펼쳐진다. 아까보다 높은 지역이라 사방 바다가 다 내려다보이고 특히 한가운데 검은 모래 해안이 삐죽이 나와 있는 모습이 특이했다. 이제 우리는 멀리서 촛대바위와 검은 모래 해안 바라보는 것을 끝내고 보다 가까이서 보기로 했다.

디르홀라이에서 나와 다시 링로드로 달리다 215번 도로로 들어와 6km(10분) 달리니 주차장에 차가 꽉 찼다. **레이니스피아라**Reynisfjara이다. 이 해안은 검은 모래들이 곱게 깔려 있는 데다(유리질 현무암이 부서져 만들어진 것이라 한다), 해안가 절벽이 모두 주상절리로 이뤄져 있어 대단히 기이한 절경을 이루고 있는 명소인지라 사람이 꽤 많았다. 사람이 올라갈 수 있게 계단 모양으로 되어 있는 주상절리 위에 많은 관광객들이 올라가 기념사진을 찍는다. 하지만 해안이 넓고 그들 모두 저마다 자신의 길을 걷는 듯 조용하여 별로 방해가 되지 않았다.

검은 모래와 주상절리와 검은 바위들이 드넓은 바다와 만나 만들어내는 풍경. 왼쪽은 주상절리 기둥들이 빽빽이 꽂혀 있는 절벽으로 그 위에 수많은 갈매기와 퍼핀들이 날아다닌다. 오른쪽 검은 모래 해변은 너무 고와서 아무리 걸어도 발이 앞으로 나아가지 않는다.

디르홀라이 아래쪽 전망대에서
레이니스피아라 쪽을 내려다본 풍경

디르홀라이.
멀리 코끼리 바위가 보인다.

레이니스피아라

레이니스피아라. 동굴 모양의
주상절리인 하울사네프스헤들리르(Hálsanefshellir)

많은 사람이 올라가 사진을 찍는 대표적 주상절리

안개 때문인지 너무 가팔라서인지 절벽 끝이 어디인지 가늠할 수 없었고, 그 바위조차 너무 다채로운 모양이라 지질학자도 아니지만 흥미로워 유심히 들여다볼 수밖에 없었다. 파도가 역류하여 바다 가까이 있는 사람을 덮칠 수 있으니 바람이 심한 날은 바닷가에 가까이 가면 안 된다고 한다. 다행히 날이 흐려도 바람은 없어 우리에게 그런 일은 일어나지 않았다.

침식되어 촛대바위 같은 모양을 한 **레이니스드란가르**Reynisdrangar를 향해 검은 모래 해변을 따라 천천히 걷다 보니 시간이 멈춘 듯 밀려오는 파도 소리만이 우리를 일깨우곤 한다(drangar는 pillar라는 뜻이다). 가는 도중에는 절벽 쪽으로 주상절리의 아랫부분이 깎여 형성된 커다란 동굴(Hálsanefshellir)도 있다. 아들은 그곳에 들어앉아 한참 바다를 바라보고 우린 해변을 오래 걸었다. 지금까지 본 것 중 이 해안이 단연 최고라는 아들 말이 아니어도 더 이상 말이 필요 없는 기이한 아름다움의 절정이었다.

한없이 머물고 싶은 마음을 다잡고 다시 차를 달렸다. 빨간 교회가 상

비크 해변에서 본 레이니스드란가르

멀리 빨간 지붕의 비크 교회가 보인다.

징인 비크Vik에서 주유한 후 다시 해안에서 아까 본 풍경을 다른 각도로 감상했다. 레이니스드란가르를 조금 더 가까이에서 보고 주상절리 없는 검은 모래 해변을 좀 더 친근하게 걸어볼 수 있었다.

해안을 벗어나 계속 지평선이 보이는 푸른 들판을 달렸다. 가다가 잠깐 머문 곳, **뢰이프스카울라바르다**Laufskálavarða. 돌무덤들이 셀 수 없을 만큼 널려 있는 곳, 아이슬란드에는 도처에 상상하기 힘든 자연경관이 있어 이곳도 화산 활동을 통해 생긴 것으로 착각할 수 있으나 그게 아니었다. 우리나라의 성황당처럼 오랜 세월 동안 이곳을 지나가는 관광객까지 합세하여 행운을 빌며 돌을 쌓아 올린 것이라고 한다. 우리도 무사 귀환을 빌며 돌 한 개씩을 거기 얹어 돌무덤의 역사에 일조하고 돌

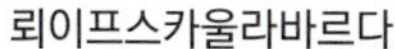
뢰이프스카울라바르다

아 나왔다.

이후 우리가 달려 나간 길은 이끼의 들판인, **엘드흐뢰인**Eldhraun. 이곳이야말로 아이슬란드 아니면 어디서도 보지 못할 희한한 풍경을 보여주고 있다. 사진이나 화면에 자주 등장하는 아이슬란드 특유의 풍경이지만 실제로 보니 그 규모가 말할 수 없었고 그야말로 외계에 온 듯 황량하고 그로테스크하다.

엘드흐뢰인

문제는 그를 보호하는 이 나라 법이 아주 단단하여 거의 밟아볼 엄두도 내지 못했다는 것. 미리 읽어본 아이슬란드 관광 책자에도 이끼 밟아보는 행위를 꼭 해봐야 할 일처럼 설명한 것도 있고 저스틴 비버의 뮤직비디오에서는 이끼 위를 마구 뒹굴던데 하며 의아해하는 나에게 남편이 설명해준다. 아이슬란드에서 나온 관광안내 유튜브에는 저스틴 비버의 그 비디오를 비판하면서 절대로 밟지 말라 경고하고 있다고….

그나마 관광객에게 구경할 수 있는 기회를 제공하는 곳인 주차장(그리 여유롭지 않다)에 내려 본격적인 이끼 바위 구경에 나섰다. 이곳은 혹시 걷는 게 허용된 지역인가 했더니 그것도 아니다. 용암 위에 겹겹이 쌓여 있는 폭신한 이끼가 밭을 이루고 있는 곳. 한 번 사람의 발길이 닿으면 금세 이끼가 죽어버린다 하여 모두 금줄을 쳐놓은지라 그저 사진 찍고 바라보기만 할 수밖에 없었다.

그럼에도 이건 보는 것만으로도 특이한 풍경인지라 아주 선명한 인상으로 뇌리에 각인되었다. 앞으로 이런 들판을 자주 보겠지만 길이 좁아 차를 갓길에 세울 수 없으니 그 폭신한 이끼를 밟아볼 기회가 있을까? 결국 기회는 영영 없었다.

링로드에서 206번 비포장도로로 갈아타고 3.2km(7분 소요) 달리면 나타나는 곳이 **퍄드라르글리우푸르**Fjaðrárgljúfur이다. 퍄드라르Fjaðrár강에 의해 침식되어 형성된 협곡(gljúfur는 협곡)이란 뜻이다.

처음엔 그리 높아 보이지 않아 뭐 그리 대단한 협곡일까 싶었는데 막상 절벽을 따라 올라갈수록 기가 막힌 절경이 아래로 펼쳐졌다. 피오르 협곡인데 미국의 유명한 캐니언들보다 규모는 훨씬 작지만 아기자기하

퍄드라르글리우푸르.
나무가 없어 그런지 사진이 아니라 유화 같다.

퍄드라르글리우푸르

면서 다양한 협곡과 폭포까지 없는 게 없는 정말 대단한 곳이었다.

'작은 규모의 웅대한 아름다움'이란 모순 형용이 아주 잘 어울리는 곳. 이곳에서 사진을 찍어 친구들에게 카톡으로 여러 장 날렸는데 막상 휴대폰으로 보니 실제라는 느낌보다 마치 그림을 배경으로 찍은 듯한 느낌. 그만큼 현실적이지 않았다. 구불구불한 계곡을 이루는 산들이 숲이 아닌 낮은 잡목과 풀들로 뒤덮여 마치 바위에 연둣빛으로 붓질한 듯하고, 그 아래 물살이 하얗게 선을 그리며 흘러내리며 가끔 그 가파른 절벽에 양들이 붙박이처럼 한두 마리씩 보이는 게 거의 정지된 깔끔한 화면이나 그림처럼 보이는 곳.

오늘 너무 많은 것을, 그것도 그리 좋지 않은 날씨에 강행군한지라 더 이상의 '아빠표 패키지' 여행(아들이 붙인 이름이다!)은 그만하기로 하고 오늘의 숙소를 향하여 달렸다.

이후의 어떤 숙소보다 아름답고 멋진 호텔인 마그마 호텔.

키르큐바이야르클뢰이스투르Kirkjubæjarklaustur라는 조그만 마을에서도 1km 남짓 떨어져 호숫가에 있는 아담한 형태의 호텔. 지금까지 보아오던 인적 없는 들판을 달려 넓은 초지에 도달하니 나지막이 엎드린 작은 오두막집 몇 채. 지붕은 이곳 전통가옥처럼 잔디로 덮여 있었다.

알고 보니 총 11개의 방갈로 형태로 된, 아담하지만 내부가 꽤 넓은 호텔이었다. 결국 이곳은 하루 최대 11팀밖에 수용하지 않는 호텔(별이 3개짜리 호텔이지만 부킹닷컴에서의 평점은 10점 만점에 9.5. 서울에 돌아와 10월에 갈 친구에게 소개했는데 두 달 전인데도 예약이 마감됐다고 한다).

호텔 방으로 들어서니 테라스 바로 앞이 호수. 호수 안에 자그마한 마그마 호텔. 모두 11채의 단독 룸이다.

마그마 호텔 테라스에서 본 전경

마그마 호텔의 저녁 식사

섬이 2개 있고 호수 뒤편은 넓은 초지로 말 한 마리가 풀을 뜯어 먹고 있는 모습이 멀리 보일 뿐이다.

탄성이 절로 나왔다. 비록 이번 여행에서 제일 비싼 숙소(400유로)이긴 했으나 하루 정도 이런 사치를 누려도 된다 자위하며 우리는 아예 호텔 레스토랑에서 풍요로운 저녁과 우아한 와인까지 곁들여(3인분에 와인 포함하여 20,100크로나) 행복한 하루를 최대한 끌어올렸다.

상승된 기분에 와인까지 마셔서 그런지 식사 후 산책하며 잠깐 호수로 연결되는 냇물을 건너다 아들이 미끄러져 큰일 날 뻔했다. 신발과 바지가 젖은 걸 속상해하는 아들과 달리 우린 정말 크게 다칠 뻔했다고 가슴을 쓸어내렸다.

하지만 그 모든 건 워낙 아름답고 훌륭한 호텔에서의 황홀한 시간 덕에 다 잊혔다. 호수가 바라보이는 테라스로 나가 술 한 잔 더 마시고 내일 하루 더 있을 수 있다면 정말 좋을 텐데 아쉬워하며, 잠들고 싶지 않은 하루를 마감했다.

* * *

 오늘 일정은 힘들고 빡빡했지만, 정말 하나하나 너무 신기하고 좋

았다. 마무리로 깔끔하고 아름다웠던 마그마 호텔까지. 어디 하나 빼놓을 수 없다고 생각한다. 운전을 길게 하면서도 계속해서 바뀌는 풍경 때문인지 생각보다 지루하지 않았다.

* * *

Gljúfrabúi : 셀랴란드스포스 안쪽 트레일을 거쳐 왼쪽으로 난 길을 약 700m가량 가면 글류프라부이 폭포가 있는데 꼭 가볼 만한 곳이다. 여기까지 다녀와도 주차장에서부터 왕복 1.9km밖에 되지 않는다. 이 폭포 앞의 평원은 캠프사이트(Hamragarðar)이다. 폭포 가까운 곳에 위쪽으로 올라가는 표시가 있는데 이 코스는 험한 편이다(굳이 올라갈 필요까지 없을 듯하다). 올라가는 대신 폭포에서 흘러내리는 물로 형성된 작은 개천 안쪽으로 들어가 숨어 있는 폭포, Gljúfrabúi를 발견하는 기쁨이 더 크다.

Eldhraun : eld는 fire이고, hraun은 lava라는 뜻이다. 이곳은 1783년부터 1784년에 걸쳐 라키 화산 폭발로 흘러내린 용암이 굳어져서 형성된 용암밭이다. 이 화산 폭발은 아이슬란드에 질병, 농작물 피해 및 재난 등 큰 피해를 주었으며 영국과 프랑스에까지 영향을 끼쳤다고 한다. 이 현무암 위에 자란 초록색 이끼가 꽤나 두꺼워서 밟으면 아주 푹신하다고 한다. 여하튼 이 용암밭은 넓이가 무려 565㎢나 된다. Laufskálavarða를 지나 링로드로 동쪽을 향하다 보면 바로 쿠다강을 건너게 되는데, 오른쪽으로 난 204번 비포장도로를 타고 남쪽으로 우회하든가(코스가 26km 이상 길어짐), 아니면 쿠다강 다리에서 약 9km 동쪽으로 가다가 오른쪽으로 난 2085번 도로 끝에 있는 Fljotsbotn으로 들어가서 광활하게 널려 있는 엘드흐뢰인을 느껴보는 것도 괜찮지 않을까?

- **Fjaðrárgljúfur** : 왕복 3.2km(고도차 85m)의 비교적 완만한 트레킹 코스이고, 중간에 뷰포인트가 세 군데 있다. 조그맣지만 예쁜 폭포도 있다. 협곡 안쪽은 낮은 강이 흐르는데, 강의 수위가 낮을 때는 물길을 따라 트레킹할 수도 있다.
- **Kirkjubæjarklaustur** : 작은 마을이지만 식당이나 주유소 등이 있다. 마을에 있는 Systrafoss는 산에서 떨어지는 두 갈래 폭포로 링로드 상에서도 볼 수 있다. 마을 이름에서 Kirkju는 교회, Bæjar는 마을, Klaustur는 수녀원의 의미이다.
- **Kirkjugólf** : 203번 도로로 진입하게 되어 있으나 입구가 좁아 놓치기 쉽다. 주상절리가 벌집처럼 바닥에 깔려 있는 형상이라고 한다(Gólf는 영어의 floor). 우리도 입구를 놓쳐서 결국 보지 못했다.

오늘의 베스트 3

	20대 남자	60대 여자	60대 남자
1	레이니스피아라	레이니스피아라	레이니스피아라
2	퍄드라르글리우푸르	퍄드라르글리우푸르	퍄드라르글리우푸르
3	엘드흐뢰인	엘드흐뢰인	디르홀라이

04 : 7월 15일

ICELAND

얼음의 나라를 걷다-
스카프타페들 국립공원 지대

주요 일정 : 자동차 이동거리 155km

숙소 → Dverghamrar → Svartifoss → Svínafellsjökull → Fjallsárlón → Jökulsárlón → Diamond Beach → 숙소(Hali 소재)

떠나고 싶지 않은 호텔을 뒤로하고 또다시 오늘 일정을 시작한다.

첫 일정은 **드베르그함라르**Dverghamrar. 벌판에 자리한 주상절리인데, 주차장에서 아주 가까운 곳에 위치하고 있다. 주상절리라는 말에 조금은 식상한 듯 아들은 차 안에서 기다리겠단다. 할 수 없이 둘이 나지막한 언덕을 걸어 아무것도 없을 듯한 자그마한 골짜기에 들어서니 뜬금없이 주상절리의 기둥들이 줄을 서서 우리를 맞는다. 큰 절벽도 없고 물도 없는 평원에 느닷없는 기둥들이라니!

거기서 가이드의 설명을 열심히 듣고 있는 일단의 여행팀을 만났다.

드베르그함라르

아마도 우리처럼 길게 여행하는 팀이 아닌 게 분명하다. 이 정도에 긴 시간을 투자하다니 말이다. 이후 우리가 보게 될 주상절리의 어마어마함을 생각하면 그렇게 본격적이고 대단한 게 아닌데… 하지만 규모가 작아도 이렇게 주상절리가 들판에 서 있다는 것 자체가 이 나라다운 특이한 모습이라 여기며 한 바퀴(500m) 얼른 돌고 나왔다.

이제부터 본격적인 빙하지대로 들어선다고 한다. 여름이라 길가에서 눈과 얼음 같은 걸 볼 수는 없었지만 그 흔적인지 길가 풍경이 기이했다. 길이 검은 돌덩이들로 울퉁불퉁하다. 폐광지대 같은 검은 돌밭이 계속되다가 다시 어제 본 이끼의 들판. 그러다 곧이어 양들이 점점이 박혀 있는 푸른 초지, 다시 문득 나타나는 거대한 바위산. 그것도 우리나라 산과는 전혀 다른, 층층이 날카롭게 뚝 잘려진 듯한 절벽과 갑자기 네모로 잘려나간 듯한(식탁과 같은 모양의) 꼭대기를 지니고 있는 바위산. 중턱까지 위용을 보이는 불모의 바위 아래 기슭으로는 야생화 가득한 푸른 풀밭이 매끄럽게 펼쳐져 특이한 그림을 만들어내고 있다.

여기 와서 느끼는 건 특별한 관광지가 아니라도 가는 길 어디나 사진 찍고 싶지 않은 곳이 없을 정도로 인상적이라는 것. 특히 수시로 지형이 바뀌는 다양한 창밖의 대자연이 잠시도 졸 수 없게 만든다. 아들 표현에 의하면 운전대 앞에 나타나는 풍경이 마치 게임을 하고 있는 느낌이라나. 정확히 말하자면, 게임에서 위치나 지도가 바뀔 때 갑자기 배경이 바뀌는 것처럼 아이슬란드에서의 지형 역시 너무 갑자기 180도 달라져서 그렇다는 것. 거의 10km 정도의 간격으로 너무 다른 풍광이 펼쳐지니 그럴밖에.

빙하지대로 들어서기 전 벌판에 기념물이 하나 눈에 띈다. **스케이다**

스케이다라우 다리 기념물. 스카프타페들스요쿨(왼쪽)과 스비나페들스요쿨(오른쪽)의 혀가 멀리 보인다.

라우 다리 Skeiðará Bridge 기념물이다. 1974년에 완공된, 그 당시 아이슬란드에서 가장 긴 다리였다는데 그 잔해가 설치 조각물처럼 버티고 있다. 1996년 바트나요쿨 아래에 위치한 화산이 폭발하면서 빙하의 일부가 녹아 엄청난 홍수가 발생했는데, 이때 유실된 교량의 일부라고 한다. 야외 설치작품(?)에 관심이 있다면 모를까, 그렇게 대단한 곳은 아니니 그냥 지나쳐도 될 듯하다. 이곳에서는 멀리 북동쪽으로 넓은 평원 건너편에 바트나요쿨의 빙하에 해당되는 스카프타페들스요쿨(왼쪽)과 스비나페들스요쿨(오른쪽) 등 두 개의 빙하가 혀처럼 내려와 있는 모습이 보인다. 조금 있다 우리가 갈 곳이다.

스카프타페들Skaftafell 지역에는 8개의 지정된 트레킹 코스가 있다. 이 중에는 왕복 20km가 넘는 힘든 코스도 있고 3km 남짓의 짧은 코스도 있는데, 우리는 **스바르티포스**Svartifoss까지 다녀오는 짧은 코스를 택하여

스바르티포스

스바르티포스 올라가는 길에서 내려다본 캠핑장

걷기로 했다.

스카프타페들 국립공원 관광안내 센터에 주차하고(이곳은 주차비 750크로나를 받는다) 캠프촌을 거쳐 제법 힘들게 산을 올랐다. 지금까지 평원만 걷다가 갑자기 등산을 하게 되니 몸이 말을 안 들었다. 약간의 고도차(135m)는 있으나 길이 평탄하여 어린이도 쉽게 오를 수 있는 곳이라는데 난 왜 그렇게 힘이 들던지! 방문자센터에서 스바르티포스까지는 왕복 3~4km 정도. 힘들긴 했으나 산길에 하얗게 피어 있는 천궁 꽃과 톱풀(Yarrow)이 은은한 향을 뿜으며 가는 길을 심심찮게 해주고 가끔 돌아서 보면 광활한 대지가 한눈에 내려다보이는 풍광이 시원했다.

가다가 조그만 **두 개의 폭포**(Hundafoss와 Manusafoss)를 지난 후 조금 지루한 산길을 걸어 스바르티포스에 다다랐다. 검은 폭포라는 뜻의 이 폭포는 검은색의 주상절리가 폭포 안쪽을 반원의 형상으로 둘러싸고 있는 곳이다. 하지만 스바르티포스는 그간 보아온 폭포 위용에 비해 규모가 좀 작았다. 물론 폭포를 주상절리가 감싸고 있다는 특이한 점은 인정하지만 그것도 나중에 돌아볼 어마어마한 주상절리들을 생각해보건대 그다지 대단하다고는 하지 못하겠다. 그래도 이 폭포는 레이캬비크에 있는 할그림스키르캬나 아퀴레이리 교회의 설계에 영감을 주었다고 알려져 있는 꽤 유명한 곳이니 그냥 지나치라고 할 수는 없다.

내려오는 길 시야에 펼쳐진 드넓은 벌판(산두르/Sandur 지역)과 강줄기의 시원한 전망을 덤으로 즐긴 후 내려와 방문자센터 안에 있는 식당에서 점심 식사. 무엇을 먹었는지 기억조차 나지 않을 정도로 특징도 없고 맛도 없는 형편없는 한 끼였다(3인분과 음료수에 6,150크로나). 차라리 등산 후 내려와 바로 마주친 캠프촌 안의 간이트럭 식당이 나을 뻔했다.

스카프타페들 국립공원은 영화 '인터스텔라'를 촬영한 빙하지대라고 한다. 영화에서 얼음과 암모니아만 존재하는 얼음고원이라고 한, 맷 데이먼(만 박사 역)을 구출하러 간 행성 말이다. 하지만 우린 시간 관계상 빙하지대를 걸으며 우주인의 감정을 느껴보는 투어는 생략했다. 원래 스카프타페들 빙하와 스비나페들스요쿨 둘 다 가려 했지만, 시간도 지체되었고 다리도 피곤하여 스비나페들스요쿨만 가기로 변경했다. 그 빙하는 주차장에서 5분 이내의 거리에 있고 덜 붐비기 때문이다.

나가려고 주차비를 계산했는데 차 번호를 잘못 누르는 실수로 무려 2,750크로나를 벌금으로 날려버렸다. 완전 남편 잘못이다! 차단기도 없고 주차요원도 없을뿐더러 잘 보이지도 않는 카메라가 차량을 인지하는데 주차비를 정산하지 않으면 그 정보가 바로 렌터카 회사로 통보된다. 그러면 렌터카 회사에 등록된 카드로 대신 결제가 되어버리는 것이다. 주차비 750크로나에 나머지 페널티가 붙어 2,750크로나를 물게 되었다. 번호판의 번호 중 가운데 있는 두 자리 숫자는 입력하는 것이 아니었는데….

스비나페들스요쿨Svínafellsjökull로 가기 위해서는 스카프타페들 국립공원 주차장을 나와 링로드상에서 동쪽으로 가다 800m쯤에 왼쪽의 비포장도로를 타야 한다. 이 도로야말로 비포장도로의 극치였다. 어찌나 울퉁불퉁한지 놀이동산 범퍼카 타는 기분이다. 2.5km 남짓한 거리라서 닦인 도로라면 2~3분도 안 걸릴 것을 무려 20분이나 걸렸다.

바트나요쿨에 속하는 빙하로, 빙하호수가 주차장에서 지척에 있다. 왕복 0.8km(고도차 50m)로 짧은 거리라 울퉁불퉁한 비탈길을 걸어 바위에 오르면 바로 물 위에 떠 있는 빙산이 나타난다. 일단 관광객이 적어 조

스비나페들스요쿨. 사람이 거의 없다.

용히 경치에 잠겨들기 좋은 데다 호수에 둥둥 떠 있는 수많은 얼음덩어리가 너무 신기한 풍경이라 비가 부슬거리는데도 쉽사리 그곳을 떠날 수 없었다.

오래된 빙하는 위에 검은 흙이 덮여 얼핏 흙덩어리인 듯도 하고, 무너진 지 얼마 안 되는 어떤 빙하의 내부는 파란 빛깔로 신비한 분위기를 풍기며 물 위에 가득 떠 있었다. 그러다 가끔 쩡 하며 빙하 갈라지는 소리와 그 사이로 물 흐르는 소리가 정적을 깨뜨리곤 한다.

어떤 노부부는 아들이 빙하의 골짜기까지 트레킹하고 온다고 가버렸다면서 바위에 앉아 기다리고 있었다. 우리 아들도 그런다고 하면 어쩌나 살짝 걱정했지만 그는 다행히 이 정도에서 만족하는 듯했다(만족이 아니라 포기였을지도…). 어쨌든 우리는 최대한 사진과 보는 것만으로 만족하기 위해 여러 위치에서 사진 찍기에 공을 들였다.

여름인데도 흐린 날씨에 두꺼운 얼음덩어리들이 사방에 떠 있으니 현

스비나페들스요쿨. 위쪽은 하얗고 단단한 빙하이다.

스비나페들스요쿨. 아래쪽은 많이 녹아
다소 지저분한 얼음덩어리들이 둥둥 떠 있다.

피알살론 가기 전 주차장에서 본 빙하

실이라기보다 뭔가 다른 행성에 불시착하여 흑백의 화면 속에 갇힌 듯했다. 더욱이 사람이 많지 않은 곳이라 그 고요함이 빙하의 오래된 침묵에 조응하면서 우리를 그곳에 붙들어두는 힘이 있었다. 이것이 빙하 투어의 시작이었다.

다시 내려와 바트나요쿨의 또 다른 줄기인 피알살론과 요쿨살론으로 향했다. 둘 다 빙하 보트투어로 유명한 곳인데 단체관광객들 때문인지 큰 배인 amphibian boat의 티켓은 일찌감치 구입하기 어려웠고, 작은 배인 zodiac boat는 보트 안에서의 이동성이 적다고 생각하여 포기하기로 했다. 더욱이 보트를 예약하게 되면 그날 일정을 이 시간에 맞추어야 한다는 불편함이 포기의 더 큰 이유였는데, 아들은 꽤나 타고 싶었던 것 같다. 아들의 불만을 들으며 그 빙하들을 눈으로만 구경할 밖에….

우선 **피알살론**Fjallsárlón부터. 보트를 탔으면 좀 더 감동적이었을지 모

피알살론

르나 어쨌든 보는 것만으로도 빙하의 위용은 대단했다. 이 한여름에 거대한 빙산이 녹아 호수로 밀려 내려와 덩어리 덩어리 작은 빙산으로 떠 있는 모습이라니! 피알살론의 빙하는 전체적으로 계단형의 형상이었는데, 호수의 규모가 작은 데다 요쿨살론보다 늦게 개발된 탓인지 관광객이 요쿨살론보다 적었다. 보트투어를 하지 않는다면 이곳이 붐비지 않

요쿨살론 못미친 곳에 있는 주차장 너머
언덕에서의 광경. 요쿨살론에서 보이는 것과
다른 모습이다.

아 훨씬 조용히 빙하 풍경에 젖어들 수 있다.

한여름인데도 검은 흙에 덮였거나 하얗거나 파란 얼음덩어리들이 호수에 고요히 떠 있는 모습 자체를 사람들에게 방해받지 않고 그대로 음미할 수 있는 곳. 수천 년이라는 시간의 퇴적을 온전히 맛볼 수 있는 곳.

피알살론을 떠나 요쿨살론 못미처 왼쪽에 주차장이 있는데, 여기서

요쿨살론에서 처음으로 빙하 조각을 손에 쥐어봤다.

요쿨살론에서 다이아몬드 비치로 흘러가는 빙산

언덕을 넘어가면 요쿨살론을 높은 데서 조망할 수 있다. 빙하호수가 한 눈에 보이는 곳으로 요쿨살론에서는 볼 수 없는 모습이다.

여기서부터 요쿨살론까지 걸어보겠다는 아들을 두고 우리는 차로 **요쿨살론**Jökulsárlón에 먼저 도착했다. 이곳은 관광지답게 사람들이 많고 번잡하다. 고요함과 태고의 시간은 피알살론에서 누리고 이곳에서는 다소 소란하고 화려한 빙하의 축제를 즐겨보는 것이 좋다. 물에 둥둥 뜬 얼음의 규모도 엄청나고 너무 파랗고 예뻐서 만화영화 '겨울왕국'의 얼음궁전을 보는 듯하다. 특히 오후에 접어들어 활짝 갠 날씨 덕에 얼음은 더욱 빛을 발했고 사람들은 북적여서 마치 축제에 온 듯했다. 한참을 기다리다 마침내 걸어서 도착한 아들과 합류하여 내려간 다이아몬드 비치에서는 탄성을 지르며 달리지 않을 수 없었다.

요쿨살론은 바트나요쿨 빙하가 운반해온 토사가 만의 입구에 쌓여 생긴 석호이다. 바다에 면해 있어 위에서부터 내려온 빙하의 얼음덩어리들이 물살에 밀려 수로를 타고 바다로 흘러드는 모습이 장관이다. 그렇게 요쿨살론은 **다이아몬드 비치**Diamond Beach로 연결된다. 바다에서 파도를 받아 넘실넘실 춤추는 듯한 얼음덩어리와 검은 해변 모래사장에 우뚝우뚝 서 있는 하얀 얼음기둥들이 오후의 찬란한 햇빛에 반짝이며 빛나고 있는 모습이란! 환상 그 자체였다.

붉은빛을 받으며 검은 모래밭에 하얗다 못해 파란 얼음들이 여기저기 정박해 있는 그 선명한 색의 대비라니! 온갖 크기의 수많은 얼음덩어리들이 각기 다른 모습으로 반짝이며 우리를 유혹한다. 이 얼음 다이아몬드에 기대보기도 하고 표면을 슬쩍 만져보다 미끄러움을 무릅쓰고 그

다이아몬드 비치

모두들 검은 모래 위에 정박한
얼음덩이 위에서 사진들을 찍는다.

위에 기어 올라가 두 손 번쩍 올려 사진을 찍어대는 수많은 사람들 틈에 끼어 우리도 질세라 다양한 포즈로 얼음과 하나 되는 놀이에 몰입했다.

검은 모래 해변과 주상절리의 레이니스피아라가 가장 좋았었다는 아들이 이번엔 지금까지 모든 걸 다 합쳐도 이 다이아몬드 해변만큼 좋은 건 없었다고. 앞으로 얼마나 여러 번 이 감탄이 바뀔 것인지?

이미 시간은 밤 8시, 그렇지만 해는 아직 황혼 근처에도 가지 않았다. 배도 고프고 피곤하기도 하여 아쉬움을 뒤로한 채 오늘의 숙소인 **할리** Hali **컨트리 호텔**로 향했다.

어제 마그마 호텔만큼은 아니어도 이 호텔 역시 대단한 전망을 지닌 아름다운 곳이다. 차로 달리며 감탄해 마지않던 그 어마어마한 바위산이 침실에서 바로 바라다보이고 호텔 앞쪽에는 바다와 면해 있는 커다

요쿨살론에서 할리 컨트리 호텔로 가는 길

할리 컨트리 호텔 입구

할리 컨트리 호텔 내 소우르베르귀르 센터.
서가를 형상화한 것이다.

할리 컨트리 호텔
식당에서의 저녁 식사

란 호수(바다인지 호수인지? 석호처럼 보인다)에 물새들이 가득 헤엄치고 있다.

입구에 있는 **소우르 베르귀르 센터**Thórbergur Center는 서가를 형상화한 독특한 건물로, 갤러리뿐 아니라 호텔의 리셉션과 식당으로 쓰이고 있었다. 손님이 가득한 이유를 알아차릴 만큼 맛있는 음식(3인분에 14,932크로나)도 우리를 만족시켰다.

오늘 하루 참 많은 곳을 다녔다. 11시간을 밖에서 보낸 것이다.

하지만 마지막이 너무 아름다워 오늘도 대만족!

* * *

맨 처음에 간 스카프타페들 하이킹이 별로 의미가 없었다는 생각이다. 등산길이 흥미롭지도 않고 힘들기만 했으며 폭포도 그저 그랬고 게다가 사람들마저 붐비는, 별로 좋지 않은 코스였다고 기억된다(이건 객관적 평가라기보다 어쩌면 그때 아무리 해도 카메라를 더 이상 고칠 수 없다는 걸 확인하면서 내 기분이 엉망이었기 때문인지 모르겠다).

피알살론이나 요쿨살론에서의 보트투어 생략에 대해서도 좀 할 말이 있다. 내가 불만을 가졌던 건 단순히 보트를 못 타서가 아니다. 이런 것도 같이하면 좋을 텐데 딱히 하고 싶어 하지 않으셨던 부모님의 모습과, 아빠가 그래도 타고 싶으면 혼자라도 타라 했는데 일정상 현실적이지 않은 옵션이었기 때문에 그게 불만이었던 것이다. 여행 전부터 언제든지 스케줄은 바꿀 수 있게 유연하게 짰다고 큰소리치셨던 모습과 오버랩 되면서 서운함도 더 컸던 것 같다. 차라리 '미안하다 이건 시간이 맞지 않아 할 수 없다'로 결론 내렸으면 기분이라도 나쁘지 않았을 것이다.

반면 스비나페들스요쿨에서의 트레킹은 정말 할 만했다. 사람들 붐비는 메인 주차장보다 훨씬 대자연을 오감으로 받아들일 수 있기도 하고 날씨까지 좋아지는 시점이어서 아주 만족스러웠다.

또한 요쿨살론 중간쯤부터 다이아몬드 비치까지의 트레일을 혼자 걸었는데 그때 보이는 풍경들이 장관이었다. 이곳과 다이아몬드 비치가 이번 여행에서 가장 기억에 남는 곳 중 하나다. 빙하를 실컷 보면서 물개까지 볼 수 있었다(물개는 아주 운이 좋았던 케이스인 걸로 생각됨). 이곳에서 인생 샷을 건지려고 하는 사람들과 아주 과한 의상을 입은 중국인들의 웨딩 촬영도 볼 수 있었다. 어찌 되었든 사진 찍기에 좋다는 뜻.

그 트레일을 걸으면서 혼자 여행하는 독일인 친구 하나를 사귀었다. 드론으로 영상을 찍고 있는 모습에 다가가 그 파일 좀 얻을 수 있을까 하여 말을 걸었는데 이후로도 두어 번 마주쳤다. 혼자 여행하며 경비를 아끼기 위해 텐트가 설치되어 있는 SUV를 타고 다닌다고 했다. 친구와 소수정예로 혹은 혼자 여행하기에 이 친구가 몰고 다니는 조그만 캠핑카도 괜찮겠다는 생각이 들었다. 캠핑할 수 있는 지역이 따로 정해져 있지만 상황이 안 좋을 때에는 오지에 숨어서 (불법) 잠을 자기도 한다고 했다. 어쨌든 숙박비는 몇 배 이상 아낄 수 있으니 생각해볼 만한 옵션이다.

오늘 일정의 하이라이트는 당연히 요쿨살론과 다이아몬드 비치이다. 절대 잊을 수 없는 진귀한 풍경을 감상하며 사진을 많이 건질 수 있는 곳이라 생각된다. 날씨가 아름다워서 더 기억에 남는지 모르겠다. 햇빛에 반짝이는 얼음조각들이 아직도 잊히지 않는다.

* * *

- **Skaftafell 국립공원** : 이곳 주차장은 주차비(750크로나. 2019년 기준)를 받으며 자동정산기에서 각자 결제해야 한다. 비지터센터 내에 화장실(무료)과 식당 등이 있다. 아이슬란드에서는 어디서나 화장실 물을 식수로 먹는다. 우리도 이곳 화장실에서 식수를 받았다.
- **Fjallsárlón** : 주차장에서 400m 거리에 호수가 있다. 바트나요쿨의 빙하가 녹아 형성된 빙하호수로 요쿨살론과 흡사한 모습이지만 규모가 작은 편이다. zodiac boat 투어를 할 수 있으며, 화장실은 유료이다. 관련 사이트(fjallsarlon.is)에서 가격(2019년 기준 6,900크로나) 확인과 함께 예약할 수 있다.
- **Jökulsárlón** : 빙하 보트투어도 할 수 있는데, amphibian boat와 zodiac boat 두 가지가 있다. 빙하 보트투어는 피알살론에서는 조디악 보트만, 요쿨살론에서는 두 가지 모두 운영하고 있다.
  피알살론의 조디악 보트는 붐비지 않아 예약이 쉬운 반면, 요쿨살론에서 탈 수 있는 앰피비안 보트는 그렇지 않은 것 같다. 우리는 4개월 전에 예약을 시도했는데 원하는 시각을 잡지 못해서 결국 포기했다. 수륙양용으로 운행되는 앰피비안 보트를 타려면 꽤 일찍 예약을 해야 할 듯하다. 관련 사이트(icelagoon.is)에서 요금(2019년 기준으로 앰피비안 보트는 5,800크로나, 조디악 보트는 9,900크로나)을 확인할 수 있고 예약도 가능하다. 앰피비안 보트와 조디악 보트의 차이점은 관련 사이트에서 참고하면 된다.

- 요쿨살론 주차장보다 약 1km 서쪽에 조그만 주차장이 있다. 주차한 후 얕은 언덕을 넘어가면 금세 요쿨살론을 조망할 수 있다. 좀 높은 곳에서 조망할 수 있는 이곳도 빼놓을 수 없는 곳이다. 시간 여유가 있다면 주행하다가 주차장이 눈에 뜨일 경우 일단 세워보길 추천한다. 여기서 요쿨살론까지 트레킹할 수도 있다. 1km 남짓 호수를 따라 걸어가면 다리가 나오는데 다리를 건너지 않고 남쪽을 향하면 다이아몬드 비치가 나오고 다리를 건너가면 바로 요쿨살론 주차장이 나온다.
- **Diamond Beach** : 요쿨살론에서 바다로 연결되는 강 하구 양쪽에서 접근이 가능하다. 동쪽은 요쿨살론 주차장에 차를 세워두고 바로 걸어갈 수 있으며, 강의 서쪽은 요쿨살론 주차장에서 좀 멀기 때문에 차로 이동하는 편이 좋다(아이슬란드를 시계 반대방향으로 여행한다면 요쿨살론으로 가는 다리 건너기 바로 전에 오른쪽으로 틀어 이곳을 먼저 들를 수도 있다). 바다에 떠 있는 빙산이나 해변에 올라와 있는 빙산에 접근하기는 서쪽이 더 편한 것 같다.

오늘의 베스트 3

	20대 남자	60대 여자	60대 남자
1	요쿨살론, 다이아몬드 비치	다이아몬드 비치	스비나페들스요쿨
2	스비나페들스요쿨	피알살론	다이아몬드 비치
3	피알살론	스비나페들스요쿨	피알살론, 요쿨살론

05 : 7월 16일

피오르 해안 길과 세이디스피요르두르

주요 일정 : 자동차 이동거리 350km

숙소 → Eskey → (Almannaskard → Hvalnes Nature Reserve Beach) → Lækjavik → Djúpivogur(점심) → (Streitisviti Lighthouse) → Fáskrúðsfjörður(간식과 차) → Tvísöngur Sound Sculpture → 숙소 (Seyðisfjörður)

어제 다이아몬드 비치에서의 잠시 찬란했던 날씨가 우리에게 준 설부른 기대가 산산이 부서졌다. 일어나 보니 제법 많은 비가 오고 있다. 창밖으로 바라보이던 어제의 그 웅장한 바위산도 물안개에 가려 거의 보이지 않는다. 지금까지 햇볕 난 적은 별로 없어도 비가 많이 오진 않아 그럭저럭 관광에 큰 무리가 없었는데 오늘은 좀 아니다.

주요 일정은 동부의 세이디스피요르두르까지 가는 것인데, 걷는 시간은 좀 적겠지만 자동차 이동거리(약 350km)가 꽤나 길다. 차로 이동하면서 남부의 피오르가 만든 절경을 만끽할 수 있다고 하는데 날씨가 과연 받쳐줄지 걱정이다. 아이슬란드에서는 매 15분마다 날씨가 변한다고 하니 그 말을 믿어보는 수밖에.

빗속을 달리며 벌판을 바라보니 여전히 대단한 바위산과 그 기슭에 펼쳐진 벌판의 연속. 그리고 오른쪽은 바다. 군데군데 양들이 하얀 점처럼 꼬물거리고 검은 말들이 가만히 서 있다. 날씨 탓인지 말 몇 마리가 조용히 고개 숙여 서 있는 게 처연해 보인다.

어제와 비슷하게 보이면서도 오른쪽에 계속 펼쳐지는 바다와 습지가 새롭다. 맑은 날이 그립지만 오히려 이런 날씨가 이 땅의 이국적이고 기이한 느낌을 배가시켜 주는 듯하다. 그래, 이런 게 아이슬란드지.

첫 '관점'(길 안내 앱인 '맵스미'에서 view point를 '관점'이라 번역했다는 비판 후 우린 줄곧 웃으며 '관점'이라고 불렀다)에 도달했다. **에스케이**Eskey.

올라가 보니 정말 날이 안 좋아 유감이었다. 맑았다면 눈 덮인 산과 바위산이 사방으로 둘러 있고 한 면으로는 개울이나 습지가 광활하게 펼쳐져 있을 뿐 아니라 그 너머로 바다까지 연결되는 풍광이 한눈에 내려다보였을 곳이다. 말 그대로 view point인 것 같은데… 그곳에서 볼 수 있는 빙하와 산에 대한 설명이 안내판에 가득 차 있는 것을 보니 더 아쉬운 마음이 들었다.

왼쪽 거대한 돌산 아래 빙퇴석인지 화산석인지 돌벽처럼 줄지어 서 있는 곳을 지날 땐 얼핏 반쯤 무너진 퇴락한 중세의 성벽을 보는 느낌이

에스케이 뷰포인트에서 내려다본 풍경.
날이 안 좋아 멀리 설산이 희미하다.

었다. 대자연이 마치 인간이 만든 오래된 유적처럼 느껴지는 아이러니. 결국 인간의 유적이 오래되면 자연에 가까워진다는 의미겠지.

왼쪽은 빙퇴석이 기슭을 채우고 있는 검은 바위산. **알마나스카르드**Almannaskard인가 보다. 원래 일정에 포함되어 있던 곳으로 그 위에 올라가면 기막힌 광경이 전개될 것이다. 그렇지만 비와 안개로 시야가 확보되지도 않을뿐더러 올라가는 비포장도로가 매우 가파르게 보여 포기했다. 원래 겁이 많은 남편이지만 비와 안개로 덮인 회색의 전경이 그를 더욱 겁나게 했나 보다.

오른쪽은 하얀 물오리(백조인가?)가 떼 지어 헤엄치고 있는 바다다. 사람은 보이지도 않는 이 바다를 끼고 빗속에 달리자니 자동차만이 우리를 보호하는 이상한 나라로 들어가는 듯했다. 특히 비가 쉬지 않고 내려 웬

회픈으로 가는 길. 안개로 시야 확보가 안 된 날이다.

크발네스 등대에서 약 6km 북쪽 해변

만한 먼 경치는 거의 보기 어려웠는데 오늘 달리는 도로가 피오르 지역이라니 아쉬울 수밖에….

그럼에도 우린 몇 개의 뷰포인트에 머물러 잘 보이지도 않는 해안 절벽과 피오르 지형을 감상하려 애썼다. 계획에 있던 뷰포인트 중 몇 군데는 포기하고 **라이캬비크**Lækjavik에만 잠깐 올라 눈앞의 기암들을 감상하고 더 멀리는 보지도 못한 채 달렸다. 집에 돌아와 책을 보니 정말 멋진 곳들을 모두 보지 못한 것이다! 이래서 여행을 하다 보면 꼭 다시 와야겠다는 결심을 하게 되나 보다.

그래도 그 와중에 해변의 노천 온천이라는 **듀파보그스코린**Djúpavogskörin에 들러 과연 어떤 것인가 확인했다. 비는 오는데 아주 조그만 풀pool 속에서 젊은 남녀 둘이 웃으며 온천욕을 하고 있었다. 그 바깥쪽에는 이곳이 온천이라는 걸 확인시켜 주기라도 하듯 조그만 도랑으로 김이 나는 더운 물이 흐르고 있어 잠깐 손을 담가보았다. 아마도 관광객보다는 마을사람들이 즐기는 무료온천인 듯 아무런 탈의실이나 샤워시설도 없는 참으로 소박한 온천이었다.

한없이 빗속을 달리다 보니 점심시간. **듀피보구르**Djúpivogur라는 제법 큰 해안가 마을에 정차했다. 우리 눈엔 비교적 커 보이는데 위키피디아Wikipedia를 찾아보니 인구가 456명이란다.

이 나라에 와서 내가 가장 많이 먹은 건 '오늘의 수프'. 수프와 빵이 함께 나오므로 한 끼 점심으로 적당하다. 아들과 남편은 주로 피시앤칩스. 생선(주로 대구)이 싱싱해서 가장 가성비가 높은 음식인 듯하다. **비드보긴**Við Voginn이란 식당에서 점심을 먹었는데, 허름한 분위기이지만 맛은 좋았

라이캬비크

비가 오는 추운 날씨에도 아랑곳하지 않고
듀파보그스코린 노천 온천에서 남녀가 온천욕을 하고 있다.

듀피보구르에 있는 비드보긴 식당

듀피보구르에 있는 Nature Art Craft 가게

듀피보구르에 있는 에긴이글레디비크

다(피시앤칩스 2개와 수프가 8,400크로나).

점심 식사 후 마을 부두 끝에 전시된, 유명 비주얼아티스트 조각가 Sigurður Gudmundsson의 새알 모양 조각품들을 구경했다(Eggin í Gleðivík). 총 34개의 화강암으로 만들어진 알 조각품인데 이 근처 34가지 새의 알 모양을 조각한 것이라 한다. 내 눈에는 34개의 알이 모두 똑같아 보였지만 자세히 보면 조금씩 다르다고 한다. 암튼 사진으로 흔적을 남기고 그 근처의 작은 개인 갤러리에 들러 동물 뼈와 막대기 등으로 만든 공예조각 전시도 잠깐 본 후 듀피보구르를 떠났다.

왼쪽은 거의 바위산, 오른쪽은 바다를 낀 해안도로의 연속. 중간의 뷰포인트를 포기하고 달리다 보니 길쭉하게 들어간 만에 자리한 **파스크루**

파스크루드스피요르두르에 있는
카페 수마르리나 앞에 있는 테이블

드스피요르두르Fáskrúðsfjörður가 보인다.

비도 오고 웬만한 전망지점을 다 패스한지라 비 오는 날의 여유나 즐기자고 이곳에 내려 생선요리로 유명한 카페 **수마르리나**Sumarlina에서 부두를 바라보며 간식으로 커피와 피자를 즐겼다(2,900크로나). 여행 중 비가 오면 오는 대로 그걸 즐겨야 여행의 참맛 아닌가? 카페 주인에게 여기 인구가 얼마냐고 물으니 지체 없이 660명이라고 답해준다. 우리처럼 인구를 물어보는 손님이 많은가 보다. 이 마을은 프랑스풍이 특징이고 몇 가지 볼 만한 게 있다 했으나 그냥 여유를 즐긴 것에 만족하고 자동차로 마을 한 바퀴를 돌아본 후 다시 떠났다.

다음 목적지가 우리의 숙소이자 아름다운 피오르 마을인 세이디스피요르두르인지라 설레는 맘을 안고 서둘러 길을 달렸다. 에이일스타디르

세이디스피요르두르 가는 언덕에서 본
에이일스타디르

못미처 주차장에서 잠시 차를 세웠다. 큰 계곡 사이로 난 길의 어디쯤인가였는데, 이곳에서도 사방을 둘러보니 그리 크지 않은 폭포들이 눈에 많이 뜨인다. 이름 없는 곳이지만 그래도 멋지다.

에이일스타디르Egilsstaðir에서 주유하고 쇼핑하려 했으나 비가 그치고 해가 다소 나는 듯하여 다시 날이 변하기 전에 서둘러 큰 고개를 넘기로 했다. 오래간만의 푸른 하늘로 기분이 개운해지고 멀리 맑은 하늘 너머 산길이 꽤 기분을 설레게 했다. 그렇지만 그나마 앞이 보일 정도의 날씨는 고개 마루까지였다.

에이일스타디르에서 세이디스피요르두르로 가기 위해서는 600m가 넘는 높은 고갯길(고갯마루에 헤이다르바튼/Heiðarvatn이라는 호수가 있음)을 넘어야 한다. 개울과 가느다란 폭포와 양옆의 바위산이 이어져 있는 멋진 길인 듯한데 높은 길이면서 꼬불거리는 언덕길에 안개까지 심해서 제대로 보이지도 않는다. 운전대를 잡은 아들은 잔뜩 긴장한 모습이다.

고개를 넘어 세이디스피요르두르로 내려가는 길에 접어들자 날은 점점 흐려지고 안개가 자욱해지면서 바로 옆의 호수조차 제대로 보이질 않았다. 영화 '월터의 상상은 현실이 된다'에서 롱보드를 타고 내려가던 길인데…. 구경이 아니라 안전운전을 걱정해야 할 정도였다. 가시거리가 20m 정도밖에 되지 않았으니. 아쉽지만 내일 다시 올라올 때 날씨의 도움을 받으리라 기대하면서 섭섭함을 달랬다.

드디어 월터 미티가 롱보드를 타고 신나게 내려오던 길을 달려 **세이디스피요르두르**Seyðisfjörður 마을에 도착했다(실은 안개 때문에 어느 곳이 영화 장면에 나왔는지 알지 못했는데, 나중에 확인해보니 세이디스피요르두르 못미처 6km 지점 근처에서부터였다). 작지만 워낙 예쁜 마을이라 그런지 항구에 커다란 크루즈가 닻을 내리고 있고 젊은이들의 캠프촌도 한가운데 있어 관광객으로 활기가 넘쳤다.

우리의 숙소도 비싼 게스트하우스답게(370유로) 외관부터 감탄사를 불러일으켰다. 노란 페인트로 예쁘게 칠해진 겉모습에 방이 무려 3개나 되는 이층집이었는데 최고의 시설을 갖추었고 사방 전망이 아름다운 곳이었다. 침실에서는 바로 앞산의 장대한 폭포가 보이고 거실에서는 하늘색 교회가 예쁘게 서 있는 마을의 중심이 한눈에 보이는 그런 곳. 이런 모든 게 제값을 발하려면 무엇보다 날씨가 좋아야 했다.

하지만 비는 물론이거니와 물안개가 잔뜩 낀 날이라 이 모든 걸 빛바래게 하기에 족했다. 결국 시간이 충분했지만 추적거리는 날씨 탓에 폭포나 유명한 트레킹 코스 같은 건 포기했다. 그래도 집이 너무 좋아서 외

세이디스피요르두르 숙소 내부 모습

세이디스피요르두르 숙소에서 본 야경.
하늘색 교회가 멀리 보인다.

트비송구르 조각공원

식은 관두고 갖고 온 한식을 펼쳐놓고 거실에 놓인 화려한 식탁에 앉아 바깥을 바라보며 여유 있게 저녁을 먹었다.

9시가 넘었어도 여전히 날은 훤하여 식사 후 나가지 않겠다는 아들만 숙소에 두고 우린 가장 가까운 산책코스를 택해 트비송구르 조각공원(Tvísöngur Sound Sculpture)이 있다는 산 중턱까지만 걸어보기로 했다(아들은 그동안 세탁기로 가족 빨래를 다 해놓았다!).

도중에 작지만 귀여운 폭포도 있었다. 별로 긴 거리는 아니었으나(주차장에서 왕복 1.1km. 고도차 63m) 조각공원이라는 게 알래스카의 이글루처럼 보이는 콘크리트 돔 5개가 이어져 있는 것이 전부라서 좀 허탈했다. 그래도 독일 유명작가(Lukas Kühne)의 작품이고 돔마다 울림과 크기가 다르다고 하여 기대했는데 그마저 제대로 감상해보지 못했다.

돔 안에 젊은 남녀 2명이 임시거처처럼 살림을 펼쳐놓고 있어 남의 집에 들어간 듯 깜짝 놀라 얼른 나와버리고 만 것이다. 아마도 배낭여행 온 젊은이들인 듯했다. 나중에 서울에 돌아와 찾아보니 이 돔은 5개의 조화를 이루는 아이슬란드 전통 음악의 음색에 해당하는 공명을 가지고 있어 여러 군데에서 소리 질러 보라는 설명이 있었다. 역시 이런 건 미리 잘 알고 가야 한다. 조금 후회된다.

그럼에도 이 코스는 작품을 보는 것보다 산 중턱 정도 높이에서 세이디스피요르두르의 전망과 폭포 같은 것들을 보게 하는 게 주요 포인트가 아닌가 싶다. 물론 폭포도 전망대도 결국 이런 날에는 의미가 없을 듯하여 우린 이쯤에서 오늘을 마감하기로 했다.

내일 떠날 것이기에 결국 이 예쁜 마을을 제대로 누리지도 못하는구나 싶어 속상했다. 이러려고 그 힘든 길을 운전하고 비싼 숙소를 예약했나 싶었지만 남편은 얼마나 더 속상할까 싶어 담담히 즐기기로 했다. 그러나 캠핑촌의 젊은이들은 비가 오는데도 여기저기 몰려다니며 카페도 들썩이게 하고 마을을 활기차게 만들고 있어 시간에 제약 없어 보이는 그들이 좀 부러웠다. 아들이야 오죽했을까?

숙소에 돌아와 내일 다시 해가 나기를 기도하며 잠들었다.

* * *

나 역시 너무 아쉬웠던 곳 중 하나. 크게 기억에 남는 부분이 별로 없다. 안개가 이렇게까지 심하게 낄 수도 있구나 싶은 정도?

세이디스피요르두르는 아름다워 보였지만 안개와 비 때문에 사실상 그 분위기를 제대로 느껴볼 수 없었다. 나중에 사진으로 보니 너무 아름다운 곳이었던 것을 확인한 후 많이 아쉬웠다. 어제 날씨 덕분에 최상의 경험을 했던 것에 완전 반대되는 하루였다고 생각된다. 날씨가 이렇게까지 영향을 끼칠 수 있다는 것에 새삼 놀랐다.

우리의 숙소는 늦게 도착해서 잠만 자고 가기에 너무 아까웠던 예쁘고 커다란 집이었다. 이런 디테일 하나하나가 사실상 나는 정말 아쉬웠다. 그렇게 좋은 숙소를 예약하면 뭐하나? 결국 우리에게는 빡빡하고 바쁜 일정을 마치고 돌아와 잠만 자고 아침 일찍 떠나야 하는 곳에 불과했다. 이번 여행에서는 1박 이상 했던 숙소가 한 곳 정도밖에 없었다. 그럴 바에 비싼 돈 들여서 좋은 숙소를 잡을 필요가 있나 싶었다.

세이디스피요르두르에서 해가 지기 시작하면서 (보통 자정쯤부터 해가 지는 것 같다) 얼마 멀지 않은 술집으로 보이는 곳에서 파티를 하는 소리가 들렸다. 술집에도 한번 가보고 싶었지만 일정이 너무 빡빡했으므로 빨래를 하고 침대로 들어갔다.

* * *

요쿨살론에서 세이디스피요르두르까지의 거리는 350km가 넘는다. 동남부의 피오르 해안 길이 지루할 리는 없지만, 그렇다고 휴식 없이 계속 전진만 할 수는 없는 노릇 아닌가. 도중에 차나 간식을 하며 잠시 바깥 바람도 쐬며 가는 게 여행이거늘. 아래 장소는 이런 목적으로 30km나 55km 간격의 '쉼터'로 예정했던 곳이다. 그렇지만 이 중 절반 정도는 그냥 지나칠 수밖에 없었다. 이 지역을 여행하던 날은 비가 거의 하루 종일 오고 안개가 심했기 때문이다. 특히 심한 안개가 원망스러웠다. 꾸불꾸불한 해안선 링로드에서 피오르 해안과 Vestrahorn이나 Eystrahorn, Búlandstindur와 같은 웅장하고 멋진 산들을 볼 수 없었다. 아이슬란드 여행 중 가장 아쉬움이 많았던 일정이다.

Eskey : Hali Country 호텔에서 동쪽으로 32km 지점이다. 약간 과장하자면 아이슬란드 어느 곳이나 뷰포인트라고 할 수 있지만, 전술한 바와 같이 멋진 곳이라고 함부로 차를 길가에 세울 수 없다. 이곳은 구글지도에는 나오지 않지만 mapsme에는 나오는 곳으로 주차장에서 바로 몇 발자국 올라가면 전망대가 있다. 북쪽으로는 빙하로 덮인 산들이, 남쪽으로는 바다가 펼쳐지는, 사면이 확 트인 전망 좋은 곳이다. 잠시 바람 쐴 만한 곳이다.

Almannaskard 뷰포인트 : (Eskey에서 39km) Höfn에서 Egilsstaðir 방향(동쪽)으로 약 15km 떨어진 곳에 위치하고 있다. Almannaskard 길은 원래 내리막길이 17% 경사인, 링로드에서 가장 가파른 구간이었으나, 지금은 2005년 완공된 터널로 대체되었다. 남서쪽에서 올라가는 길은 폐쇄되었으나, 동쪽에서는 뷰포인트까지 올라갈 수 있다. 정상(해발 153m)에서 기가 막힌 해안의 경치를 볼 수 있다고 한다. 터널의 남서쪽에도 피크닉 장소와 함께 뷰포인트가 있다고 한다.

Hvalnes 자연보호 해변 : (Almannaskard 터널에서 38km) Eystrahorn 산과 검은 해변이 멋진 포토존을 만들어주는 곳이다.

Lækjavik : (Hvalnes 자연보호 해변에서 10km) 검은 모래 해변과 바다에 있는 기암괴석을 볼 수 있는 곳으로 주차장에서 아주 가깝다.

- **Djúpivogur** : (Lækjavik에서 45km) 해안가에 있는 새알 모양의 야외 조각물(Eggin)과 JFS handicrafts 등이 있다. 동부로 가는 길에 잠시 쉬면서 식사나 차 한 잔 하기 좋은 마을이다. Langabúð, Við Voginn 및 Hotel Framtid 등 평이 좋은 식당과 카페가 항구 주변에 모여 있다.
- **Streitisviti 등대** : (Djúpivogur에서 55km) Djúpivogur부터 Fáskrúðsfjörður까지 110km 거리이기 때문에 중간에 잠시 쉴 만한 곳.
- **Fáskrúðsfjörður** : (Streitisviti 등대에서 55km) Vattarnes반도와 Hafnarnes반도 사이 깊숙한 만에 자리하고 있는 프랑스 분위기의 조그마한 마을로, 19세기 후반부터 20세기 초까지 프랑스 어부들의 주 허브였다고 한다.
- **Egilsstaðir** : (Fáskrúðsfjörður에서 55km) 동부 아이슬란드 중심도시로 마트, 주유소 등이 있다.

오늘의 베스트 3

	20대 남자	60대 여자	60대 남자
1	날씨가 다 망침	세이디스피요르두르	세이디스피요르두르
2		에스케이	라이캬비크
3		날씨 때문에 더 이상은…	에스케이

06 : 7월 17일

화산지대와 미바튼 네이처 배스

주요 일정 : 자동차 이동거리 225km

숙소 → Seyðisfjörður → Egilsstaðir → Rjúkandifoss → Hverir → Leirhnjúkur → Mývatn Nature Baths → Grjótagjá → 숙소(Mývatn Reykjahlíð 소재)

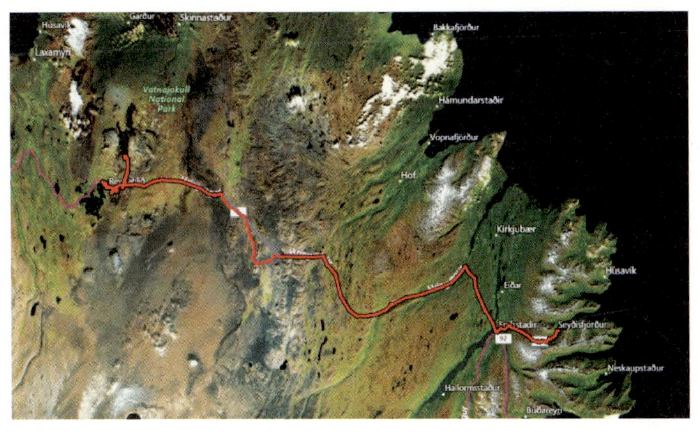

일어나 보니 여전히 비가 온다. 할 수 없이 세이디스피요르두르와 멀리 피오르 해안까지 한눈에 볼 수 있다는 **볼푸르**Bjólfur산 트레킹은 포기하고 마을 안을 돌았다. 하늘색 예쁜 교회도 보고, 무지개 색깔의 길도 걸으며 중심가를 배회했다.

아이슬란드는 진보된 인권의식, 성평등 지수와 동성애자 인권, 표현의 자유와 민주주의에 있어 세계 최고 수준이라고 한다. 무지개색은 성

세이디스피요르두르 숙소 앞 캠핑장

세이디스피요르두르. 굴라뷔드와 무지개 길.
멀리 하늘색 교회가 보인다.

세이디스피요르두르. 정박한 크루즈선이 보인다.

적 다양성을 의미하는데, 하늘색 교회 앞의 무지개색 길도 그것을 상징하는 것이라 한다. 마지막으로 굴라뷔드Gullabuid라는 예쁜 편집숍에서 작은 선물을 사고 어제 넘어왔던 길로 향했다.

다시 돌아가는 길. 어제 에이일스타디르에서부터 악천후를 뚫고 높은 고개를 간신히 넘어왔는데… 길이 험한 데다 안개가 심해 바짝 긴장하면서 운전했다고 하는 그 길을 또 넘어가야 하는 거다. 어제보다는 날이 조금 걷혀 산길 양옆의 경치를 약간 볼 수 있었다. 자세히 보니 사방이 폭포로 에워싸여 있는 곳이었다. 살짝살짝 보이는 것만도 수를 셀 수 없을 정도. 조금 더 오르니 양옆이 커다란 호수. 어제보다는 시야가 조금 트였으나 여전히 해는 나지 않는다.

날씨가 도와주지 않는 걸 원망하며 간신히 산을 넘어 에이일스타디르에 이른 순간, 앗차, 숙소 냉장고에 김치와 치즈를 두고 왔다! 치즈야 그렇다 치고 21봉지나 되는 김치를 어찌할꼬? 다시 물안개를 헤치고 그 어려운 고개를 넘어 돌아가는 것도 문제지만 일정상 다시 갈 순 없다는 운전자의 거부에 아무 말도 못한 채 속상함을 혼자 삼킬 수밖에 없었다. 여행 때마다 한두 가지씩 잃어버리는 내 역사에서도 이건 가장 큰 손실이었다. 앞으로 식구들의 한식을 책임질 수 없게 되었으니.

그래도 비가 그치고 흐리기만 한 날씨에 감사하며 어제와 완전히 다른 도로를 다시 달린다. 중간에 잠깐 내려 전통가옥인 **잔디지붕의 집**(Torf-husin Hjardarhaga)을 구경했다. 이번엔 안까지 들어가 볼 수 있었는데 아마도 외양간으로 쓴 집인 듯했다. 동물들도 아이슬란드의 추운 겨울을 나려면 이런 지붕의 집이 필요했겠지.

다시 계속해서 도로를 달리니 길이 쉴 새 없이 변한다. 왼쪽은 빙퇴석인지 화산석인지 모를 바위 자갈들의 밭, 오른쪽은 광대한 초원. 다시 양옆의 풀이 줄면서 개울과 호수가 이리저리 들판을 가로지르는, 넓고 평평한 산길의 연속. 그러다 우뚝 솟은 산이 안개 속에 가려 안 보이게 되니 갑자기 한없는 벌판을 가르며 미래 혹은 과거 어느 시간으로 들어가는 느낌. 어쩌다 안개 사이로 산이 보이면 어김없이 줄줄이 하얗게 흘러내리는 폭포가 끝이 없다.

그렇게 많은 폭포 중에서 **류칸디포스**Rjúkandifoss라는 폭포가 있어 잠시 차를 세우고 올라가봤다. 가까이 가보니 세 줄기로 이뤄진 대단한 규모의 물줄기였다. 폭포소리는 아무리 들어도 질리지 않는다. '폭포는 곧은 절벽을 무서운 기색도 없이 떨어진다', '고매한 정신처럼', '곧은 소리는

잔디지붕의 집(Torfhusin Hjardarhaga)

외양간으로 보이는 잔디지붕의 집 내부

류칸디포스. 가까이서 보면 수직으로 떨어진다.

곧은 소리를 부른다'던 김수영의 시가 자꾸 생각나는 그런 폭포.

폭포에 취해 있던 사이 드디어 안개가 걷히고 민둥산이 드러난다. 사방이 민둥산인 주차장에 차를 세워놓고 잠시 차 밖으로 나가보았다. 에이일스타디르에서 링로드로 미바튼 방향 약 95km 지점에 있는 주차장이다. 나가보니 눈앞의 광경이 마치 외계에 있는 듯한 착각을 일으킨다. 민둥산과 돌밭이 진정한 화산의 모습인가? 풀 한 포기 없이 돌만 뒹구는 땅. 잠시 내려 그 황량한 돌밭에서 바람을 맞으며 거닐다 보니 다른 행성에 잠시 불시착해 살 곳을 찾아 방황하는 느낌이다.

다시 제정신으로 돌아와 차에 오르니 완전히 날이 개었다. 푸른 하늘이 보이고 구름이 좀 걷히는 듯하다. 이 얼마나 오랜만인가? 민둥산 지대를 벗어나니 벌판에 보랏빛 루핀 꽃이 나타나기 시작한다. 하늘과 구에이일스타디르에서 미바튼 방향으로 95km 거리에 있는 주차장.
황량한 행성에 갑자기 등장한 의자 하나가 재미있다.

주차장에서 바라본 황량한 벌판

링로드상에서 F88번 분기점 근처.
이 벌판이야말로 외계 행성 아닌가?

름을 땅에 붙여 볼 수 있는 지대. 미바튼 지역에 가까워지면서 들판에 마치 작은 봉화대 같은 것이 경계를 표시하듯 규칙적으로 서 있는 게 보인다. 우린 갖가지 추측을 했다. 개인의 초지 영역을 분할하는 표시라는 둥 옛 우리들처럼 봉화로 연락을 하던 것이라는 둥. 암튼 이건 돌아와 책을 보아도 설명이 나와 있지 않았는데 적어도 봉수대라기에는 너무 낮았다. 영역이나 경계표시가 더 맞을 듯.

드디어 크라플라 화산지대 돌입. 먼저 **크베리르**Hverir. 아직 지열활동이 활발한 지역. 붉고 황폐한 벌판의 사방에서 땅이 끓어오른다.

짙은 유황가스 속에 지옥인 양 부글거리는 뜨거운 잿빛 진흙 구덩이들을 감상한 게 시작이었다. 사방에서 뜨거운 연기가 솟아나오는 건 이미 게이시르에서 보아온 거라 아주 새롭지는 않았으나 여긴 그보다 훨

크베리르

크베리르

돌로 얼기설기 막아놓은 구멍에서 열기가 뿜어져 나오고 그걸 온몸으로 맞고 있다.

씬 원시의 느낌이 강했다. 너무 뜨거운 연기에 데일까 봐 연기 구멍을 돌무덤으로 얼기설기 막아놓은 앞에서 사람들이 그 더운 김을 얼굴이나 손에 받아내고 있는 모습이 재미있다.

모두들 뜨거울까 조심하면서도 한편 그 열기를 온몸으로 느끼고자 하는 사람들의 열망이 그곳을 가득 채우고 있었다. 지금까지 보아온 어느 곳보다도 이곳이 가장 살아 있는 화산을 느끼게 한다. 붉고 노란 허허벌판에서 엄청난 열기와 연기가 사방에서 솟아나오고 부글부글 끓는 물을 뿜기도 하고 회색 머드팟이 지글거리는 이곳은 보다 강렬하게 지구의 탄생을 보여주는 듯했다. 강한 유황 냄새 속에 연기가 피어오르고 들끓는 머드팟들을 코와 온몸에 받아들인 채 여기저기 배회하다가 다시 평범한 도로로 빠져나오니 외계에서 간신히 지구로 돌아온 듯하다.

이제 레이르흐뉴쿠르로 간다. 가는 길에 느닷없이 천연 온천수가 나오는 세면대와 샤워기가 길가에 서 있는 것도 재미있었다. 도중에 말로만 듣던 크라플라 지열발전소가 보인다. 자세히 보니 땅에 굵은 쇠파이프 같은 게 이어 있고 그것이 길을 막지 않도록 도로 가운데엔 파이프를 네모난 문처럼 휘어놓았다. 마치 '이 문을 통과하면 지열이 끓고 화산이 살아 있는 곳으로 들어갑니다' 하는 듯이. 아이슬란드는 총 에너지 소비 중 80%를 녹색 에너지에서 얻고 있다는데 정말 실감난다.

크라플라 지열발전소 가는 길.
날이 괜찮으면 여기서 온천수로
샤워할 수 있을 듯.

크라플라 지열발전소 파이프

언덕을 넘어가니 바로 왼쪽에 **레이르흐뉴쿠르**Leirhnjúkur 주차장이 나온다. 주차장에서 들판을 한참 걸어가니 크베리르의 머드팟과 달리 비교적 푸른 빛을 띠는 웅덩이 물에서 연기가 솟아나온다. 이들을 보며 길게 뻗은 데크를 따라 한참 걸을 때까지는 크베리르와 비슷하지만 머드팟 수가 좀 적고 조금 정제된 지역 정도인 줄 알았다. 그런데 평지 데크를 지나 산으로 높이 올랐을 때 내려다보이는 모습이라니! 깜짝 놀랐다.

화산 폭발 시 용암이 강처럼 흐르다 굳어진, 끝이 어디인지 모를 만큼 드넓고 검은 용암 지대가 당시의 어마어마한 흔적을 고스란히 보여주고 있었다. 지금까지 이 나라가 외계 행성 같다고 했지만 이곳이야말로 외계 행성의 진수 그 자체다.

울퉁불퉁한 위쪽의 용암들 사이를 이리저리 걸어 다니며 뜨거운 연기가 솟아나오는 구멍 앞에서 연기를 온몸으로 맞아보기도 하고 제법 오랫동안 화산의 흔적을 느끼며 걸어 다닌 것도 인상적이었지만 지금 꼭대기에서 바라본 아래쪽의 이 거대한 용암지대만큼 장엄한 감동을 준

레이르흐뉴쿠르 진입로

레이르흐뉴쿠르. 정상으로 오르는 길

레이르흐뉴쿠르

레이르흐뉴쿠르 위에서 바라본 용암지대.
사진으로는 용암밭의 규모가 느껴지지 않아 아쉽다.

건 처음이다. 용암이 처음 폭발 당시 흘러나온 형태 그대로 굳어져 만들어진 드넓은 벌판은 그 자체로 우리의 가슴을 뜨겁게 만들었다. 오래 서서 화산 폭발 당시를, 나아가 지구가 태어날 당시를 잠깐이나마 상상할 수 있었다.

다음 코스가 크라플라 화산지대의 비티Viti 분화구였지만 미바튼 네이처 배스 예약시간이 다가와 할 수 없이 내일로 기약하고 오늘의 숙소(Hlíð Cottage)에 돌아가 여장을 풀기로 했다. 숙소는 미바튼 주위에서 제일

큰 마을인 **레이캬흘리드**Reykjahlíð에서 약간 북쪽에 위치하고 있다.

이곳은 캠핑장, B&B, 호스텔 등 여러 형태의 숙박시설이 함께 있다. 바다처럼 드넓은 미바튼을 앞에 두고 나지막한 오두막과 캠핑사이트가 있는 곳. 우리 오두막은 약간 높은 곳에 자리하고 있었고 같은 형태의 숙박시설이 두 채지만 서로 거리를 두고 다른 숙박 시설과도 떨어져 있어 호젓한 느낌이 드는 곳이다. 조립식 목조 주택인데, 테라스에 바비큐 설비도 갖추어져 있었다.

사방엔 무너진 아스팔트처럼 땅이 지진으로 갈라져 불쑥 솟아올라와

미바튼 네이처 배스 입구.
오른쪽은 Blue Lake

숙소(흘리드 카티지)

울퉁불퉁해진 돌밭뿐이고 민가가 별로 보이지 않는다. 숙소에 들어서니 삼면이 환한 유리로 전망이 넓게 트여 저 멀리 바다 같은 미바튼이 한눈에 내다보인다. 바깥은 춥고 바람이 부는데 실내는 따뜻하다. 아주 기분 좋은 숙소. 여기서 이틀 묵기로 했으니 너무 다행이다.

수영복과 숙소의 타월을 챙겨들고 드디어 **미바튼 네이처 배스**Mývatn Nature Baths로 간다.

사방 호수와 평원과 화산이 모두 바라보이는 노천 온천이다. 온천에 부속된 카페테리아(CAFÉ KVIKA)에서 간단히 저녁 식사(3인분 5,300크로나)를 마

미바튼 네이처 배스.
그리 크진 않지만 산과 호수와
바위의 주변 풍광이 아름답다.

친 후, 2시간가량 행복한 온천욕(인당 5,000크로나. 한국에서 예약함)을 했다. 뜨거운 물에 몸을 담그고 아름다운 황혼의 풍광을 바라보며 그리 많지 않은 사람들 속에서 시간을 잊은 채 온몸의 피로를 다 풀었다.

뒤로는 지금까지 우리가 보아온 화산석으로 이뤄진 거대한 산이, 앞으로는 드넓은 호수가 펼쳐져 있다. 때마침 날은 맑아져서 기울어가는 태양의 빛깔이 온천 위를 붉게 물들여 그저 둥둥 떠 있는 것만으로도 행복했다. 보통 남자들은 온천욕을 별로 좋아하지 않는다는 남편의 고정관념을 보기 좋게 깨뜨리듯 거의 무아지경에 빠져 있는 아들을 보며 우리 모두 웃지 않을 수 없었다.

얼마든지 더 있어도 좋을 듯했으나 2시간쯤 즐긴 후 근처에 있는 작은 동굴 온천 **그료타갸우**Grjótagjá에 가보는 것으로 대신했다. 길가에 있는 작은 동굴인데 고개 숙여 억지로 들어가 보니 세상에! 너무나 파랗고 따스한 온천수가 동굴 가득 찰랑대고 있었다. 거기서 족욕을 할 수 있다고 했으나 이미 온천을 한 우리로서는 그저 눈으로 보는 것만으로도 족했다.

그료타갸우 입구

하지만 이곳 사람들에겐 어쩌면 이곳이 진정 온천욕할 수 있던 안성맞춤의 공간이 아니었을까? 딱 동네 목욕탕 정도 크기의, 자연석으로 이루어진 자연 욕조. 돈도 내지 않으니 캠핑객이나 짠내투어 하는 젊은이들에게는 아주 좋은 피로

그료타갸우 내부.
온천 크기가 동네 목욕탕 정도로 아담하다.

그료타갸우의 열곡. 싱베들리르에서 보았던 두 대륙의 갈라짐이 여기서도 그대로 보인다.

회복 장소일 듯.

다른, 이 근방의 수많은 명소들을 내일로 기약하고 숙소에 돌아온 순간, 해는 여전히 떠서 호수 저편으로 기울고 있었다. 뒹구는 화산석 벌판에는 자그맣게 엎드려 있는 몇몇 오두막 숙소들. 오랜만에 활짝 갠 햇볕에 널어놓은 캠핑객들의 빨래들이 바람에 조그맣게 흔들리고 있다. 참으로 고요한 풍경. 이 정경을 놓아두고 잠들기 너무 아쉬워 오랫동안 호수 저편으로 기우는 햇살을 바라보다 너무 늦게 잠이 들었다.

* * *

 오늘 역시 빡센 일정.

하지만 오늘부터 날씨가 조금 풀리기도 했고, 목적지들의 성격이 다양해서 전체적으로 굉장히 만족스러운 일정이었다. 화산지대에서 파생된 자연경관과 지형이 이렇게 다양할 수 있다는 것에 또 한 번 놀랐다. 목적지들 외에 중간중간 랜덤하게 설치된 천연온천 수도꼭지(?)와 샤워장이(절대 사용할 것 같지 않지만) 인상적이었다. 그리고 역시 온천은 '언제나 옳다'.

* * *

- **Monument to Þorbjörn Arnoddsson** : 세이디스피요르두르에서 출발하여 Gufu폭포를 지나 2.5km 정도에 위치해 있다. 이 근처가 영화 '월터의 상상은 현실이 된다'에서 주인공 월터 미티가 롱보드를 타고 내려오는 도로이다.
- **Bjólfur 산** : 세이디스피요르두르 마을 서쪽에 있는 산으로 눈사태 차단벽이 있는 곳에 뷰포인트가 있다. 세이디스피요르두르 마을과 피오르 해안까지 한눈에 담을 수 있는 멋진 곳이라고 한다. 세이디스피요르두르에서 93번 도로로 에이일스타디르 방향으로 7km쯤 전진하면 북쪽으로 비포장도로가 나온다. 여기서 4.9km 트레일이 시작된다. 걷기가 부담되면 차로 갈 수 있는데 꽤 험하다고 한다.

Rjúkandifoss : 링로드를 타고 미바튼 방향으로 가다 Egilsstaðir에서 약 50km 지점에 있는 폭포인데, 링로드 바로 옆에 붙어 있는 주차장에서 계속 올라가야 하지만 편도 400m(고도차 42m)라서 그다지 힘든 코스는 아니다.

Leirhnjúkur : 링로드에서 Hverir 주차장 약간 못미처 오른쪽으로 난 863번 도로를 타고 8km 가면 레이르흐뉴쿠르 주차장이 있으며, 도중에 지열을 이용하여 전기를 생산하는 Krafla 발전소를 만난다(Krafla Viti 호수는 1km 정도 북쪽으로 더 가면 있다). 양옆이 이끼밭인 들판을 1km 남짓 걸어가면 데크가 나오고 이어서 머드팟이 있다. 여기서부터 외계에 온 듯한 느낌이 드는 기상천외의 광경이 눈앞에 펼쳐진다. 먼 곳까지 연결되는 트레일 대신 짧은 코스를 택하면 왕복 4km이고(크게 돌아도 4.5km) 전체적인 고도차는 89m이지만 그만큼의 고도차를 느끼기 어렵다. 이곳에서 우리가 묵었던 Hlíð Cottage까지 연결되는 트레일도 있는데 거리가 편도 12km이다.

Mývatn Nature Baths : 링로드에서 Blue Lake 건너편으로 들어가는 8815번 도로로 1km 거리에 있다. 케플라비크 공항 인근의 Blue Lagoon이 해수온천인데 비해, 이곳은 담수온천이다. 블루라군에 비해 이용자가 상대적으로 적으며 온천 주위가 트여 있어 풍광이 좋다. 개장시간도 계절마다 다른데 5월 1일부터 9월 15일까지는 오전 9시부터 밤 12시까지 오픈하며, 사용(입욕) 시간은 제한이 없다. 수영복이나 수건은 대여해주기도 한다.

가격은 계절별로 차이가 있는데 5,000크로나 내외이고, 30일 이전에 취소하면 전액 환불해준다. 매년 요금이 올라가므로 정확한 금액이나 주의사항 등은 예약사이트인 myvatnnaturebaths.is에서 확인하는 것이 좋다. 그 안에 CAFÉ KVIKA가 있는데 음료수나 빵, 샐러드, 샌드위치, 수프 등 가벼운 음식을 취급한다.

Grjótagjá : 860번 도로 바로 옆에 주차장이 있고 몇 발자국 걸으면 지하온천이 나온다. 싱베들리르에서 본 듯한 모습이 주변에 보인다. 북아메리카판과 유라시아판이 멀어지는 경계에 있기 때문이다.

오늘의 베스트 3

	20대 남자	60대 여자	60대 남자
1	미바튼 네이처 배스	레이르흐뉴쿠르	레이르흐뉴쿠르
2	레이르흐뉴쿠르	미바튼 네이처 배스	미바튼 네이처 배스
3	크베리르	크베리르	크베리르

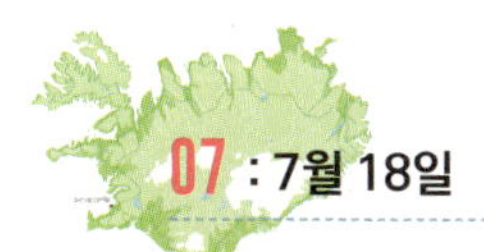

07 : 7월 18일

신의 폭포들과 주상절리의 밭

주요 일정 : 자동차 이동거리 200km

숙소 → Dettifoss → Hafragilsfoss → Ásbyrgi → Botnstjörn → Hljóðaklettar Circle(Vesturdalur) → Katlar trail(Hólmatungur) → Vogafjos Cowshed Café → 숙소

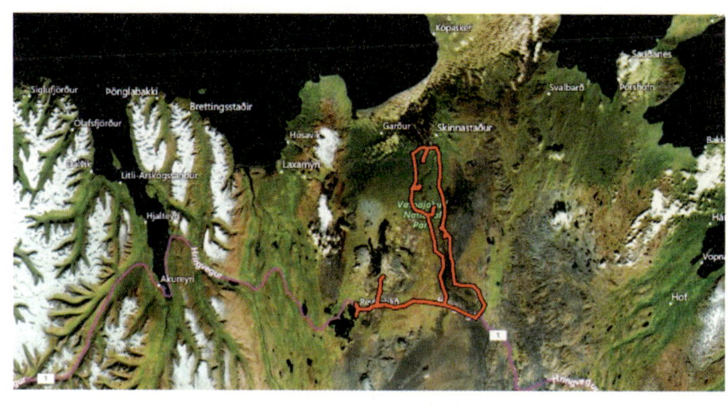

어제저녁의 행복한 햇빛이 오늘로 이어지길 기대했건만 아침에 일어나니 다시 비가 온다. 날씨 탓에 어제 비워두었던 분화구(Krafla Viti)를 다시 귀로로 연기하고 오늘은 일단 유명하다는 데티포스로 차를 달렸다. 우선 864번 비포장도로(덜컹거리긴 해도 험한 도로는 아니다)를 타고 데티포스 동쪽으로 간다.

날은 흐리고 비마저 뿌려대는 길을 열심히 달려 **데티포스**Dettifoss 도착. 영화 '프로메테우스'의 첫 장면에 등장하는 곳. 유럽에서 가장 큰 규모

데티포스. 물의 양이 엄청나다.

큰 물줄기 말고도 자세히 보면 작은 폭포들이
줄줄이 늘어져 있다.

의 폭포. 초당 쏟아져 내리는 물의 양이 500㎦라 한다. 그러한 사전 지식 아니라도 눈앞에 정말 어마어마한 물줄기가 쏟아져 우리를 압도하고 있었다. 폭포를 가운데 두고 동쪽과 서쪽에서 접근할 수 있다고 하는데 바람의 방향이 동에서 서로 불어 서쪽에서는 물보라 때문에 제대로 보기 어려울 듯했다. 게다가 영화의 첫 장면이 바로 동쪽이었다고 해서 우리는 우선 동쪽으로 간 것이다. 영화에서 프로메테우스가 몸을 던져 떨어졌다는 바로 그 부분까지 다가가 위태위태한 자세로 폭포를 바라보았다.

멀리서도 위용이 느껴졌지만 가까이 가보니 정말 규모가 어마어마했다. 처음에는 그저 엄청나게 거대한 하나의 물줄기인 줄 알았는데 다가가 보니 옆으로 무수히 가느다란 새끼 폭포들이 함께 있어 다양한 폭포 가족의 아우성을 보는 듯했다.

바람과 물보라와 추위에 떨면서도 바로 앞의 바위에 앉았다 일어섰다 이리저리 위치를 바꿔가며 사진도 찍고 눈과 귀와 온몸에 폭포를 가득 담고자 모든 이들이 분주하다. 하지만 비도 흩뿌리고 바람이 불어 너무 추우니 더 이상 오래 머물 수는 없었다.

조금 더 올라가면 **셀포스**Selfoss도 볼 수 있지만 포기했다. 이쪽(동쪽)과 달리 관광객이 더 많아 보이는 서쪽에서 바라보이는 폭포도 곧 갈 것이라는 남편의 말에(결국 날씨 때문에 못 갔다!) 다시 일어서 폭포를 떠났다.

데티포스 주차장에서 864번 도로 북쪽으로 약 2km 가다 좌회전하면 **하프라길스포스**Hafragilsfoss라는 폭포가 있다. 내려다보는 계곡과 폭포도 특이했지만 무엇보다 물 색깔이 희한했다. 마치 한 군데만 코발트색 물

하프라길스포스.
상류에 데티포스(사진에서는 보이지 않음)가 있다.

감을 풀어놓은 듯, 같은 강물인데 섞이지 않은 채 절반만 푸른빛을 띠고 있었다. 절벽 위 땅의 색깔도 붉은 돌자갈로 이뤄져 매우 강렬했다. 이래저래 이곳은 색깔로 우리의 시선을 잡아당긴 곳이었다.

잠깐 희한한 색깔에 감탄하다가 864번 도로를 타고 북쪽으로 계속 달려 드디어 도착한 **아우스비르기**Ásbyrgi 협곡. 길이 3.5km나 되는 말발굽 모양의 U자형 협곡이다. 어마어마하게 큰 협곡이라 '좁은 골짜기'라는 문자 그대로의 의미를 무색하게 할 정도로 드넓은 벌판이다. 협곡의 위 지형이 어떨지 궁금했지만, 헬리콥터에서 봐야 거대한 U자형 협곡의 전체 모습을 볼 수 있을 것 같다. 넓은 들에 널따랗게 병풍을 두른 형상이랄까? 아니다, 협곡 지역만 푹 꺼진 모습일 것이다.

트레킹 코스가 많지만 우리가 걷기로 한 곳은 협곡의 제일 안쪽에 있는 조그만 연못인 **보튼스툐른**Botnstjörn 부근이다. 이 연못은 높은 현무암 절벽이 최대 100m 높이로 강고한 성벽처럼 삼면을 에워싸고 있는 협곡의 끝자락에 위치하고 있다.

주차장에서 조금만 가면 말발굽 모양의 돌벽 아래 아기자기한 수풀과 들꽃 핀 오솔길이 나타난다(아이슬란드에서는 드물게 이 길에는 나무가 우거져 있는데 일부러 조성한 듯하다). 그 길을 따라 조금 내려가 보니 예쁘고 맑은 자그마한 연못이 아래로 펼쳐져 있다. 계속 거대한 바위벽을 올려다보며 걷던 시선이 한없이 아래로 내려가 푸른 보석 같은 물속에 꽂히는 순간이다. 병풍 같은 바위가 연못을 감싸고 있다. 너무 맑고 예뻐서 가만히 몇 시간이고 있고 싶은 곳이다.

이렇게 대단한 규모의 바위벽 밑에 이토록 맑고 예쁘장한 호수가 감

보튼스툐른

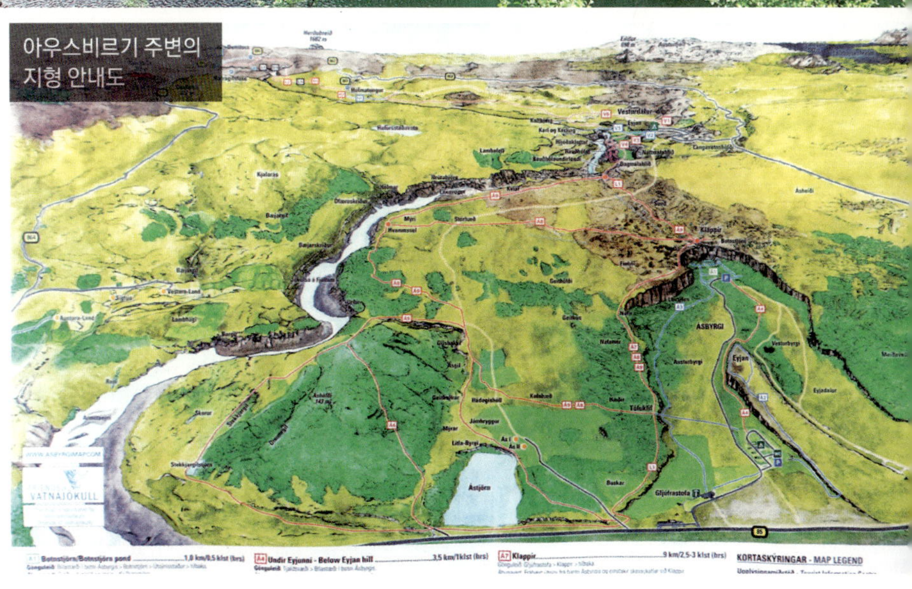

아우스비르기 주변의 지형 안내도

춰져 있다니! 파랗다고만 표현하기에 뭔가 부족한, 심연이 다 들여다보이게 맑고 투명한 깊이로 짙푸른 초록에 잠겨 있는 아름다운 작은 호수. 가까이 가서 보아도 위에서 내려다보아도 질리지 않는 이 예쁜 호수야말로 선녀들이나 요정들의 놀이터로 수많은 이야기를 만들어낼 만한 곳이 아닐까? 인간으로서는 감히 손도 담그기 미안할 정도로 맑고 순수한 푸른 물에 넋을 빼앗긴 채 연못 오른쪽의 약간 높은 곳에 만들어둔 전망대까지 올라가 한참을 무아지경에 빠져 내려보다가 되돌아왔다.

보튼스툐른 연못에서 861번 도로로 나오는 도중 넓은 벌판에 홀로 우뚝 솟은 큰 바위를 갑자기 접하게 되었다. 아하, 이 바위가 **에이얀**Eyjan이란 이름의 바위라는 것을 알아차렸다. 들어갈 때는 보지 못했는데 나가

에이얀

면서 정면으로 맞닿게 되어 눈에 띈 것이다. 생긴 모습에서 에이얀(섬이란 뜻)이란 이름의 내력을 추측할 수 있었다.

이제 우리는 아우스비르기와 트레킹 코스로 계속 이어져 있는 남쪽 방향으로 자동차를 달린다. 먼저 Vesturdalur 지역의 **흘료다크레타르** Hljóðaklettar.

주상절리로 이뤄진 암석지대. 주상절리의 밭, 주상절리의 전람회장이라고나 할까?

지금까지 보아온 주상절리를 비웃기라도 하듯 이곳엔 규모가 엄청나면서도 온갖 형태로 형성된 주상절리가 총망라되어 있었다. 제주도나 검은 모래 해변에서 본 가장 전형적인 기둥 모양의 주상절리들은 물론

흘료다크레타르에 있는 키르칸

흘료다크레타르.
다양한 모양으로
쌓아 올려진 주상절리

이고 그 밖에도 다양한 형태로 오각이나 육각의 돌기둥들이 모여 있었다. 장작을 뽀개 차곡차곡 쌓아놓은 듯 빽빽하게 빈틈없이 방사형으로 모인 형태. 원기둥형 주상절리가 방사상으로 배열된 것이 현무암 장미(basalt rosettes)라는 것도 나중에 알게 되었다. 기둥을 형성하는 용암 기류가 모든 방향에서 동시에 냉각될 때 이런 모양이 생성된다는 것이다.

'키르캰'이라 일컫는, 교회 모양의 삼각지붕처럼 대칭되게 동굴을 만들어 올린 형태. 괴물 모양이라고 '트롤리드', 성채처럼 생겼다고 '카스

탈리' 등등. 직선으로 혹은 사선으로, 원으로, 삼각이나 사각으로, 할 수 있는 모든 형태의 주상절리가 우리 눈을 현혹시켰다. 이토록 기이한 모습이 엄청난 규모로 산지사방 쌓여 있는 게 현실 풍경이라 믿기 어려웠다. 이런 어마어마한 주상절리의 숲을 두고, 앞서서 기 쓰고 주상절리를 찾아다닌 게 우스울 지경이다. 원도 한도 없이 주상절리를 보고 그곳을 나왔다.

다음 코스는 **홀마퉁구르**Hólmatungur 지역의 **카틀라**Katlar 트레일. 이곳은 관광 안내 책에도 거의 소개되지 않았지만 현지 가이드가 강추하는 곳(박혜정 외, 『아이슬란드 사람은 왜 행복할까?』)이라 하여 가게 된 곳이다. 862번 도로를 타고 계속 남쪽으로 달리다 비포장도로인 887번 도로로 좌회전하여

아무것도 없을 듯한
카틀라 트레일 입구

3.5km 정도 가면 주차장이 나온다.

그런데 그중 일부는 비포장에다 일차선이라 차 한 대가 지나갈 수 있을 정도만 깊게 패어 있다. 중간에 다른 차를 만나면 어떻게 해야 하나 고민이 많이 되었던 곳이다. 아마 두 차 중 하나는 후진할 수밖에 없을 것이다. 다행히 우리가 지나가는 중에는 반대편에서 오는 차량이 없었다. 시간도 오후 6시 근처인 데다 안개가 심해 이곳을 찾는 사람들이 없었을 게다.

이 트레일은 목적지인 강과 폭포가 있는 곳까지 계속 조금씩 내려가는 길이다. 그냥 넓은 들판에 키 작은 잡목이 우거진 오솔길을 걷는데 이 내리막 벌판 끝에 과연 무슨 절경이 나타나랴 싶었다. 오솔길이 야생화와 잡목으로 우거져 더할 수 없이 예쁜 산책로임에는 틀림없지만 이미 너무 많은 것을 보고, 젖은 날씨에 지친 우리에게 그저 그것만으로는 위로가 되지 않았다.

사진에서 보듯 위에서 보면 그저 평범한 들판으로 보인다.

비스듬한 벌판을 조금 내려가다 보면
이런 계곡을 만난다.

그런데 아기자기한 오솔길을 한참 걷다가 강 가까운 골짜기로 좀 내려섰는가 싶었더니 바위 아래 엄청난 물소리가 길을 막는다. 마침내 바위 위에 올라서니 크고 작은 폭포의 물줄기들이 여기저기서 내려온다. 또다시 다양한 형태의 폭포들의 향연. 비까지 부슬거리는 흐린 날인데도, 따라서 색깔의 채도는 다 죽어버렸는데도, 한쪽은 폭포, 한쪽은 들꽃으로 어우러진 이 길의 아름다움이 결코 희석되지 않는다.

더욱이 관광코스에 나와 있지 않은 곳이라 사람도 거의 없었다. 오롯이 우리만 이 아름다움에 흠뻑 젖어 맘껏 즐길 수 있었다. 무엇보다 사람들이 거의 없어 그 고요함과 숨어 있는 비경에 대한 감동이 더 오래도록 가슴에 남았는지도 모른다. 단정할 수는 없으나 다음 코스로 예정된 데티포스의 서쪽을 구경하는 것보다 이곳을 보는 게 분명 더 나을 것이라 추천하고 싶다.

다시 포장도로로 돌아 나오니 그나마 흐리던 날이 짙은 안개로 한 치 앞을 볼 수 없을 정도가 되었다. 결국 다음 예정지가 데티포스의 서쪽 편이었지만, 이 정도라면 폭포를 전혀 볼 수 없을 것 같아서 포기했다. 하지만 홀마퉁구르 코스에 대한 감동 덕분에 그다지 아쉬워하지 않은 채 어제 못 본 크라플라 비티 분화구를 향해 달렸다. 가다 보니 안개가 점점 짙어져 한 치 앞도 보이지 않는데 몽환적이다 못해 두렵기까지 하다. 지쳐서 쏟아지던 졸음마저 다 달아나버리는 것 같다.

결국 마지막 기대도 무너지면서 날씨는 더 악화되고 기어이 도착한 크라플라 비티 분화구의 아름다운 물 색깔은 구경도 못한 채 사진만 찍고 돌아왔다. 눈으로는 보이지 않았으나 돌아와 거기서 찍은 사진을 다시 보니 신비스런 물 색깔이 희미하게 보여 신기했다. 아쉽지만 어쨌든 와본 것이니 이쯤에서 포기하기로 하고 미바튼 근처에 있는 유명한 목장 레스토랑(Vogafjos Cowshed Café)에서 저녁을 먹기로 했다.

화려한 저녁 식사. 저번에 아이스크림을 먹은 곳처럼 직접 운영하는 목장에서 고기나 우유 같은 걸 재료로 하고 손님들이 목장을 구경할 수 있게 되어 있는 아이슬란드 특유의 레스토랑이다. 이곳도 제법 비싸고 유명한 고급식당이지만 운 좋게도 오늘 개업 20주년이라고 20% 할인 혜택을 받게 되었다(3인분 13,184크로나). 이런 행운이!

옆에서는 축하 콘서트도 열리고 있어서 사람들이 가득했다. 어떤 여가수가 거의 멜로디 없이 리듬만 있는 이상한 노래를 하고, 구경하는 젊은이들이 뒤에서 몸을 흔들며 따라 부르는 광경도 보였다. 아마도 비요크의 노래인 듯하다(비요크의 뮤직비디오 '요가'는 이 지역을 배경으로 찍었다고 한다). 우리

Vogafjos Cowshed Café에서의 저녁 식사

도 그 음악을 즐기고 싶었으나 벌써 10시가 넘어 아쉽지만 숙소에 돌아 왔다.

참으로 빡빡한 하루. 그리고 온몸이 너무 젖었다. 제대로 비옷 준비를 안 해온 아들은 아마도 오늘 더 힘들었으리라. 하지만 늘 그렇듯 끝이 좋으면 다 좋다고 했던가, 마지막 호젓한 트레킹 코스와 저녁 식사의 풍성함이 모든 걸 덮어주었다.

* * *

사실 나는 이때부터 슬슬 비슷한 풍경들과 흐린 날씨에 질리기 시작했다.

그럼에도 불구하고 역시나 데티포스의 위엄에 입이 딱 벌어졌다. 그 외 다른 풍광들은 굉장했으나 면역이 되어서인지 피로도가 쌓여서 그런지 감동이 좀 덜했던 것 같다. 그러나 카틀라 트레일을 마지막으로 갔을 때 피곤했었지만 약간 나만 알고 싶은 맛집 느낌이 들어서인지, 기대치가 낮아서였는지 너무 좋았다. 트레일 자체가 걷는 재미를 주는 곳이다.

* * *

데티포스 등을 이날에 포함시킨 이유 : 7월 17일 일정에 데티포스와 아우스비르기, Vesturdalur 지역 등을 포함시키고(링로드에서 864번 도로로 데티포스, 아우스비르기를 경유한 후 862번 도로를 거쳐 미바튼 방향을 가는 경로), Leirhnjúkur는 18일 일정에 포함시키면 일부 경로를 다시 왔다 갔다 하지 않게 되어 전체적인 이동경로가 60km 정도 짧아진다. 그렇지만 이 일정으로는 17일의 경우 하루 이동거리가 310km, 예상시간이 11시간이고 18일의 경우 이동거리가 60km, 예상시간 7시간 남짓으로 추정되었다. 우리가 택한 일정은 이동거리와 시간을 17일과 18일 양일에 안배하여 무리한 일정을 피하고자 한 것이었다. 물론 도중(에이일스타디르부터 미바튼까지)에 숙박을 하면 되겠지만 적당한 숙소를 구하기 어려웠다. 대안으로 데티포스, 아우스비르기를 거친 후 Húsavík에서 숙박하고 다음 날 미바튼 지역으로 가는 방법도 있다. 이 코스는 Húsavík에서의 고래투어도 가능하다. 이와 같이 Húsavík를 포함시키면 이동거리가 많이 늘어나기도 하지만 Vesturdalur 지역과 Holmatungur 등을 일정에서 빼야 한다.

Dettifoss : 데티포스는 강의 동·서 양쪽에서 접근이 가능하다. 만일 두 곳 중 한 군데만 가야 한다면 우리가 택한 동쪽이 나을 듯하다. 물안개가 동쪽에서 서쪽으로 향하기 때문에 서쪽에서는 시야 확보가 쉽지 않다. 데티포스가 있는 요쿨사우 아우 피요들룸(Jökulsá á Fjöllum)강 양쪽으로 동쪽은 비포장도로인 864번, 서쪽은 862번 도로가 남북으로 길게 이어져 있다. 아우스비르기 쪽(북쪽)에서 데티포스의 서쪽으로 접근한다면 일부 비포장도로를 지나야 한다. 폭포의 동쪽 편 주차장(무료화장실이 있다)에서는 350m 정도 내려가면 폭포 바로 옆까지 갈 수 있다. 서쪽에서는 주차장으로부터 최소 500m는 내려가야 한다.

Selfoss : 데티포스에서 강 상류(남쪽)에 있는 셀포스까지 거리는 동쪽 편에서는 약 1km, 서쪽 편에서는 약 900m이다. 두 폭포를 다 간다면 동쪽 편 주차장에서는 왕복 3.7km(고도차 152m), 서쪽 편 주차장에서는 왕복 3.5km(고도차 95m) 거리이다.

- **Ásbyrgi** : 이곳은 길고 짧은 트레일이 9개 있는데, 그중 아우스비르기 방문자센터에서 Eyjan Hill까지 가는 코스는 왕복 4.8km(고도차 110m)로 총 1.5~2시간가량 소요된다. 끝에 Eyjan이란 바위가 있는데, 협곡의 장관을 한눈에 볼 수 있는 곳이다.
- **Botnstjörn 연못** : 아우스비르기 방문자센터에서 861번 도로로 3.7km 더 들어가면 주차장이 나오고, 여기서 300m 정도 숲길을 걸어가면 Botnstjörn 연못이 있다. 이 코스는 9개의 아우스비르기 트레일 중 가장 쉽고 짧은 코스이다. 연못까지 가는 몇 갈래 길이 있지만 어느 코스를 택해도 시간은 비슷하게 걸린다.
- **Hljóðaklettar** : Vesturdalur 지역은 아우스비르기보다 남쪽에 위치하고 있는데, 6개의 트레킹 코스가 있다. Kirkjan(교회 모양의 주상절리 동굴)까지 가는 Hljóðaklettar Circle 코스는 왕복 2.7km(고도차 59m)이다. Hljóðaklettar는 'echo rock'이란 뜻. 현무암 주상절리에 메아리처럼 소리가 부딪쳐 반사해 들리는 반향음과 잔향을 만드는 곳이라고 한다. 화산 활동으로 생성되었는데 그 후 **요쿨사**Jökulsá강에 의해 침식되어 현재의 모습을 보이고 있다.
- **Katlar 트레일** : 데티포스 서쪽 입구 도로(886번) 분기점에서부터 862번 도로상으로 6.8km 북쪽에 진입로(887번)가 있다. 진입로에서 주차장까지는 3.5km의 험한 비포장도로이다. Hólmatungur 지역에는 3개의 트레킹 코스가 있는데, 이 중 Katlar 트레일은 왕복 2km(고도차

약 50m)로 0.5~1시간 정도 걸린다. 주차장에서부터 요쿨사강 기슭까지 계속 내려갔다가 올라오는 코스이다. 이 길은 구글지도에는 나오지 않지만 mapsme에서는 안내해준다.

오늘의 베스트 3

	20대 남자	60대 여자	60대 남자
1	카틀라 트레일	보튼스톼른 호수	흘료다크레타르
2	데티포스	카틀라 트레일	아우스비르기 (보튼스톼른 호수 포함)
3	흘료다크레타르	흘료다크레타르	데티포스, 카틀라 트레일

08 : 7월 19일

미바튼, 고다포스, 아퀴레이리

주요 일정 : 자동차 이동거리 210km

숙소 → Hverfjall → Dimmuborgir → Höfði → Skútustaðagígar → Goðafoss → Akureyri → Glaumbær → 숙소(Varmahlíð 소재)

오늘은 미바튼 주변을 보고 이 지역을 완전히 떠나는 날이다.

일어나 보니 5시. 바깥은 여전히 비가 내리고, 오늘도 해를 보기는 어려울 듯. 결국 다른 옷은 입어보지도 못하고 오늘도 한결같은 비옷으로 중무장한 채 길을 나선다(옷 좀 입는다고 자타가 공인하던 아들의 입장에선 검은 방수 점퍼만 입고 돌아다닌 이번 여행을 자신의 최악 패션으로 기억할 것이다!).

첫 포인트는 화산의 분화구 **크베르피아들**Hverfjall. 멀리서 보면 거의 대칭의 원뿔형 화산인데 원뿔 윗부분이 날아간 형상이다. 그리 높진 않지만 오르는 길이 나선형이 아닌 직선이어서 헐떡이며 올라야 했다.

크베르피아들. 탄광처럼 까맣다.

크베르피아들에서 본 미바튼

검은 화산재로 이루어진 원형 분화구 둘레에 올라서니 마치 거대한 석탄광산인 듯 검은 화산석과 검은 모래 일색인 새까만 구덩이가 커다란 입을 벌리며 우리를 맞는다. 정상에서는 미바튼 외에 디무보르기르 등이 한눈에 보인다. 구덩이가 예상보다 너무 큰 규모(직경 1km)라서 분화구 둘레를 모두 도는 것은 포기했다.

삼분의 일 정도만 돌기로 하고 특히 호수가 잘 보이는 지점에 멈춰 사방을 둘러봤다. 눈앞으로 멀리 펼쳐 보이는 미바튼과 주변 풍광이 아름다웠다. 내가 서 있는 곳은 불모의 검은 화산 흙덩이인데, 멀리에는 풍요로운 호수와 들판이 펼쳐져 있는 지형의 대조적인 특이함. 또한 가까이 보면, 아무것도 살지 않을 듯한 불모의 검은 모래밭을 뚫고 가끔 이름 모를 하얀 꽃들이 피어 생명의 위대함을 느끼게 해주는 것도 이곳 트레킹의 매력.

내려와 조금 달려 도착한 곳은 **디무보르기르**Dimmuborgir. 2,000년이나 된 거대한 용암지대다. 트레킹 코스가 여럿 있는데 모두 관리가 잘되어 있어 남녀노소 누구나 부담 없이 산책하면서 용암의 다양한 형태를 구경할 수 있는 곳이다. 게다가 아이슬란드에서는 좀처럼 보기 드물게 주변에 나무가 많다(조림한 듯하다).

우리는 한 시간 이내에 돌 수 있는 **키르캰**Kirkjan(교회 모습의 용암동굴)까지 가는 코스(2.9km, 고도차 54m)를 택했지만 얼마든지 이곳저곳 다니고 싶은 유혹을 느끼게 하는 길들이다. 온갖 종류의 용암 형태들이 희한한 형상을 만들고 있어서 키르캰(교회)뿐 아니라 여러 가지 제목이 붙여진 조각전시장을 보는 듯 재미있기도 하다.

특별히 이름 붙여진 형상이 아니라도 마치 사원의 탑처럼 용암 덩어리들이 벌판 여기저기 우뚝우뚝 서 있다. 지열을 받아 아래로부터 불쑥 솟아오른 용암들이 이런 기이한 벌판을 만들었다고 한다. 돌덩어리들이 사방에 탑처럼 불쑥불쑥 솟아난 모습이 앙코르와트 사원을 보는 듯하

디무보르기르. 사원의 탑들 같다.

디무보르기르, 키르캰

다. 돌의 재질도 사원의 탑과 비슷해 보인다. 하나는 자연이 빚어낸 작품, 하나는 인간이 만든 작품일 뿐. 이 거대한 자연의 작품 앞에서도 그와 똑같이 경건한 마음이 생겨난다. 결국 자연에 대한 경외감이 신의 존재를 느끼게 한 것이니 어쩌면 당연한 건지 모르겠다.

이제 미바튼 주변을 구경할 차례.

회프디Höfði. 호수 주변의 산책로.

아이슬란드에서 네 번째로 큰 호수 미바튼은 '벌레의 호수'라는 뜻이며 모든 책자에서 이곳이 벌레 때문에 눈을 뜰 수 없는 곳이라는 설명을 읽고 겁먹었던 곳이다. 그러나 날이 흐리고 춥고 빗줄기가 오락가락해서 그런지 의외로 벌레는 많지 않았다. 후유… 이래서 세상사 어느 것도 그저 나쁘기만 한 것도, 좋기만 한 것도 없다는 진리가 통하나 보다.

이 길은 아이슬란드답지 않게 다소 인공이 가미된 예쁜 산책로였다. 책자를 보니 처음에 이곳은 개인 소유여서 인공적으로 나무와 꽃을 심어 정원으로 가꾼 것인데 나중에 국가에 기증했다고 한다. 그래서 그런지 아이슬란드의 다른 데서는 볼 수 없었던 꽃과 나무들이 아기자기한 정원의 모습을 하고 있었고, 가닥가닥 소로를 만들어 호수의 이쪽저쪽을 감상할 수 있게 해놓았다. 처음으로 자연에 인공이 가미된 모습을 느꼈다. 며칠간 빗속의 강행군에 지친 아들의 불만을 감안하여 주변을 다 돌지 않고 절반 정도만 걷기로 했다.

예쁘장한 잡목숲길을 걸어 호숫가로 불쑥 나오면 호수 가운데 몇 개의 귀여운 섬들이 어우러져 있고 건너편 호숫가가 아득히 보이는 그런 곳. 특히 호숫가로 가기 위해 자그마한 숲길을 여기저기 걸어 들어가게 만든 코스가 맘에 들었다. 날씨까지 받쳐줬다면 정말 예뻤을 텐데 하다가도 그런 날 벌레 때문에 차에서 나오지도 못하고 이곳을 지나가버렸다는 이야기들을 떠올리며 한편 다행이라고 생각했다.

거기서 10km쯤 가다 보면 유사분화구인 **스쿠투스타다기가르**Skútu-

회프디

회프디. 미바튼 안의 자그마한 섬들이
아기자기하게 예쁘다.

스쿠투스타다기가르(유사분화구) 바깥쪽

스쿠투스타다기가르 안쪽

staðagígar라고 하는 곳이 있다. 대부분의 분화구는 용암이 분출하여 생기는데 이곳은 화산분화구가 아니라 뜨거운 수증기 분출로 생긴 분화구이기에 그런 이름이 붙었다고 한다. 따라서 다른 분화구처럼 높지 않아 가볍게 트레킹하기에는 좋은 곳이다. 분화구 외에도 미바튼의 아름다운 전경을 다른 각도에서(남쪽에서) 볼 수 있다.

우리도 호수 옆에 있는 2개의 유사분화구를 조금 걸었다. 하지만 이미 많은 트레킹을 한 처지에 이렇게 비가 오는 날 굳이 걸어야 할 정도는 아니었다. 차 속에 앉아 기다리고 있겠다고 한 아들의 결정이 옳았다. 하지만 남편의 견해는 다르다. 무엇보다 이 코스에서는 미바튼의 전경이 잘 보여서 정말 좋은 산책길이지만 다만 비와 바람 때문에 가치가 반감되었을 뿐이라는 것. 어쨌든 비를 맞으며 서둘러 한 바퀴 돌고 그 지역을 떠났다.

이제 그 유명한 **고다포스**Goðafoss다. '신들의 폭포'라는 뜻인데 폭포 양쪽에서 관람이 가능하다고 했다. 비가 너무 많이 오는 바람에 우린 일단 입구의 커피숍에서 차 한 잔을 마시며 이런저런 선물 구경도 하다 약간 비가 그친 후 폭포로 나가 양쪽을 다 구경했다.

낙차가 12m로 크지는 않으나 폭이 30m인 말발굽 형태의 폭포다. 고다포스 하류에 있는 **게이타포스**Geitafoss보다 조금 아래쪽에 있는 다리를 통해 폭포의 양쪽이 연결된다. 폭포 왼쪽에서는 폭포 상류를 볼 수 있는 전망대가 있고 폭포 아래쪽도 내려갈 수 있다. 처음에 오른쪽부터 보았으나 왼쪽에서 보는 것이 훨씬 나았다.

기독교를 받아들인 후 전통적으로 믿어오던 노르딕 신들의 상을 모두

고다포스.
'신들의 폭포'라는 뜻인데
폭포 양쪽에서 관람이 가능하다.

여기에 버렸다고 해서 신의 폭포라고 한다. 가까이 옆에서 보면 크게 세 줄기의 폭포로 이뤄져 있는데, 멀리 앞에서 보면 두 줄기의 넓은 폭포와 두 줄기의 가는 폭포 총 4개의 폭포로 둥글게 모여 있다. 데티포스보다 규모가 좀 작고 높이는 낮지만 데티포스와 달리 정돈되어 거칠지 않은 웅장함을 지니고 있다.

역시 아이슬란드는 폭포의 나라라 해도 과언이 아닌 듯하다. 처음 바라본 귀들포스의 대단함이 데티포스, 고다포스는 물론 그 사이 지나온 수많은 폭포들에 가려져 거의 기억 저편으로 흩어져버릴 지경. 그러나 그렇게 질리도록 보았음에도 역시 폭포는 볼 때마다 감동이다. 소리와 규모와 형태가 늘 나를 압도한다.

다시 비가 질금거리는 길을 달리는데 어느 순간 갑자기 긴 터널이 앞

고다포스의 왼쪽과 오른쪽 전망대를 연결하는 다리

을 막는다. 터널 입구에서 통행료를 내야 하는데 아차 하는 사이에 그냥 빠져나오고 말았다(아들이 아퀴레이리 식당에서 직원에게 문의한 결과 24시간 이내에 인터넷으로 내면 된다기에 그렇게 결제하였다. 고마운 아들!).

터널을 나오자마자 도착한 오랜만의 큰 도시, **아퀴레이리**Akureyri. 북부의 수도라고도 불리우는, 아이슬란드에서 레이캬비크 다음으로 큰 도시라더니 정말 오랜만에 자연 아닌 도시의 번화함을 느껴본다. 에이야피요르두르 안쪽에 자리하고 있는 항구도시이다. 이 도시에는 유명한 맛집도 많이 있다는데 우리도 점심 겸 저녁을 이곳 레스토랑(Bautin)에서 맛있게 먹었다. 아들이 시도한 메뉴에는 고래고기도 있었다.

그런데 밥 먹고 그저 지나갈 코스로 잡아놓은 아빠의 계획에 강한 반기를 들며 아들이 이곳에서 더 머물 것을 요구했다. 다른 나라로 여행 갔

뵈이틴 식당의 대표 메뉴인 Taste of Akureyri. 밍크고래, 소시지, 바다오리, 훈제 양 등으로 구성되어 있다.

을 때 어찌 자연만 볼 수 있는가? 도시를 보아야 그들의 문화도 사는 모습도 볼 수 있는 게 아닌가라는 그의 강력한 항의가 사실 일리 있다고 보아 2시간의 여유를 주고 예쁜 서점(Penninn Eymundsson)에 들어갔다.

서점이 깔끔하고 예쁘장한 데다 전시도 잘해놓아서 구경만 해도 지루하지 않았다. 아이슬란드 국민은 지구상에서 책을 가장 사랑하는 민족이라던가. 일인당 독서량이 세계 최고이고, 10명 중 1명은 본인 이름의 출간된 책이 있다고 한다. 그러니 서점이 이 정도로 유혹적인 모습인 건 당연하다 할 것이다. 이런저런 책과 선물들 사이에서 서성이다 결국 아이슬란드 풍광을 담은 사진집(2,800크로나) 하나를 샀다.

서점을 나와 바로 건너편에 있는 **아퀴레이리 교회**Akureyrarkirkja에 갔다.

아퀴레이리에 있는 서점 내부

1940년에 세운 교회인데, 사진으로 많이 본 레이캬비크의 할그림스키르캬와 아주 비슷한 모양이어서 알아보니 그 교회를 설계한 귀디온 사무엘손Guðjón Samúelsson의 건축물이라 한다. 문이 닫혀 겉에서만 구경하고 내려오는데 아들이 금방 돌아왔다.

이 도시를 보고 느끼기에 2시간은 너무 애매한 시간이라나? 더욱이 갤러리 같은 건 이미 문을 닫았다고. 결국 미흡하나마 가까운 거리를 걸어 잠깐만 이 도시를 둘러보기로 했다. 얼핏 보기에도 이 도시의 집이나 건물들은 모두 깔끔하고 심플하다. 예쁘다. 항구에는 크루즈선이 정박해 있고 관광객들도 꽤 많이 눈에 띈다. 해안가에 독특한 형상을 하고 있는 호프 문화 및 컨퍼런스 센터도, 지구상 가장 북쪽에 위치한 식물원

아퀴레이리 교회.
레이캬비크의 할그림스키르캬를
축소해놓은 듯하다.

아퀴레이리.
크루즈가 정박해 있다.

아퀴레이리 시내의 야외 설치 조각물

도, 어업박물관도 너무 늦은 시간 때문에 제대로 보지 못한 것이 많이 아쉽다. 아직도 갈 길이 멀다.

어쩔 수 없이 아들의 아쉬움을 싣고 그만 이곳을 떠나기로 했다. 아퀴레이리에서 출발한 시각이 이미 밤 8시 25분.

아이슬란드 여행자들 글을 읽다 보면 숙소를 찾지 못해 많은 어려움을 겪었다는 에피소드가 많이 나온다. 숙소가 도회지에 있지 않고 외딴 곳에 자리한 경우 밤에는 진입로 찾기도 쉽지 않을 게다. 그렇지만 여름엔 낮이 길기 때문에 늦은 시간인데도 부담스럽지 않다.

여기서부터 오늘 숙소까지는 좀 멀다. 100km 남짓에 1시간 15분 정도 소요되었다. 물론 가는 길은 전혀 지루하지 않다. 숙소로 바로 들어갈까 하다가 남편이 생각을 바꾼다. 시간은 많이 늦었지만 아직도 환하기 때문에 바로 숙소 들어가기 아쉬웠던가 보다.

숙소가 있는 조그만 마을(Varmahlíð)을 지나 75번 도로를 타고 좀 북쪽으로 이동하여 **글뢰임바이르**Glaumbær로 갔다. 잔디지붕으로 된 옛 가옥과 교회가 있는 곳이다. 바이킹이 살았던 집인데, 지붕이 잔디로 덮여 있다. 집의 외부 관람은 무료이지만 집 안쪽을 보려면 입장료 1,700크로나를 내야 한단다.

관광객이 꽤 많다고 하던데 너무 늦은 시각이라(오후 9시 40분) 관광객이 아무도 없었고, 내부도 당연히 볼 수 없었다. 창문 틈 사이로 사무실 비슷한 내부를 볼 수 있을 뿐. 전통의상을 입고 서브하는 **아스카피**Askaffi라는 카페도 문을 닫아서 겉모습만 볼 수밖에 없었다. 이렇게 이번 여행에서 우린 자연이 아닌 박물관이나 갤러리 같은 곳은 시간이 늦어 모두 들

글뢰임바이르

어가 보지 못했다!

오늘 일정을 모두 끝내고 드디어 숙소로 갈 차례다. **바르마흘리드** Varmahlíð 마을 초입에는 수영장도 보이는데, 그런 인적이나 문명과는 관계없는 숲속에 우리의 에어비엔비 숙소가 있었다. 좀 복잡한 길 안내를 따라 한적한 산길로 들어서니 숲속에 외딴집 한 채. 숙소는 주위가 조용할 뿐 아니라 시설이 깔끔하여 평이 꽤 좋은 곳이다. 인터넷에서는 숙소를 찾지 못해 헤맸다는 평이 많았는데 우리는 전혀 고생하지 않았다. 맵스미의 안내가 완벽했으므로.

미국이나 캐나다였다면 곰이나 야생동물을 경계해야 할 분위기이다. 숙소에 도착한 시각이 이미 오후 10시가 넘었지만, 현관 앞에 위치한 자쿠지Jacuzzi에 물을 채워넣고 따끈하게 데워놓은 주인의 따뜻한 배려에 모두 환호성을 지르며 통 속에 들어가 몸을 풀었다. 이것만으로도 이 집

바르마흘리드 숙소 전경

숙소 내부

바르마흘리드 숙소. 도착해보니
자쿠지가 준비되어 있었다.

의 평가 점수는 최고!

세 식구가 늘어지게 몸을 담근 후 나오니 맥주 생각이 간절했으나 이미 소진된 상태. 아무 데서나 술을 팔지 않는다는 정보를 알았음에도 공항에서 맥주를 너무 적게 사온 건 내 불찰. 남편과 아들의 원망을 엄청나게 들었다. 그래도 두 남자가 내일부터는 좋은 날씨를 기대해도 좋다는 일기예보를 전해줘서 개운하게 잠자리에 들었다.

* * *

또다시 아빠와 부딪치게 되었다. 간만에 아이슬란드 나름의 대도시에 도착했는데 밥만 먹고 떠나야 하다니… 부모님 세대가 원래 그런 건지는 모르겠지만 솔직히 너무 자연경관을 보는 것에만 치우쳐 있다는 생각이 든다.

보통 사람들이 여행할 때 중요하게 여기는 부분은 크게 시각, 미각, 문화/역사, 쇼핑, 액티비티, 사람들과의 interaction 등으로 나뉜다고 보는데 아마도 부모님은 시각에 100% 가까이 몰빵하는 게 아닐까 생각된다.

물론 아빠가 짠 계획 자체에 반기를 들었다기보다 애초에 주장하셨던 '여유 있는 스케줄'이 현실적으로 절대 아닌 것에 대한 불만이 컸던 것이지만.

* * *

일정을 늘릴 수 있다면 미바튼 지역과 Akureyri 시내에서 여유롭게 관광할 수 있고, 초기 계획에 넣었던 Dalvík, Ólafsfjörður, Siglufjörður, Hofsós 등을 거쳐가며(그러려면 최소 90km 늘어나는 데다 잠깐씩 들러도 반나절 이상은 더 필요할 듯하다) 북쪽의 피오르를 만끽할 수 있을 것 같다. Hofsós에는 바다를 바라보고 수영이나 온천욕을 할 수 있는 곳도 있다고 한다.

- **Hverfjall** : 주차장에서 분화구 정상까지는 15도 경사의 500m 길로 20분 정도 걸린다. 분화구 한 바퀴까지 다 돌면 총 4.2km 거리이다. 여기서 디무보르기르까지 트레일은 3.6km 거리이다.
- **Dimmuborgir** : 입구에 카페(Kaffi Borgir: 샌드위치와 송어요리가 유명하다 함)가 있다. 화장실도 있으나 유료(200크로나)이다.
- **Höfði** : 전체 길이가 1.4km(고도차 30m)의 아주 쉬운 코스이다. 주차장에 무료화장실이 있다.
- **Skútustaðagígar** : 주차장에서 바로 트레일이 연결된다. 긴 코스(3.5km: 60분)와 짧은 코스(1.4km: 25분)가 있다.
- **Goðafoss** : 카페와 기념품 가게 및 화장실(무료 이용 가능)이 있는 넓은 주차장 외에 폭포로부터 가까운 곳 양쪽에 주차장이 더 있다. 폭포의 왼쪽과 오른쪽 모두 걷는 길이가 총 3km(고도차 92m) 정도다. 어느 쪽에 주차하든지 폭포의 양쪽을 걷는다면 전체 거리는 큰 차이가 없을 듯하다.
- **Akureyri** : 동쪽 편에서 Akureyri에 가려면 터널을 지나게 된다. 터널 입구에서 요금(2019년 기준 1,500크로나)을 지불하게 되어 있으나 현장에서 결제를 못하게 되어도 걱정하지 않아도 된다. 인터넷으로 사후 결제가 24시간 이내에 가능하다.

오늘의 베스트 3

	20대 남자	60대 여자	60대 남자
1	아퀴레이리	디무보르기르	크베르피아들
2	고다포스	고다포스	회프디
3	회프디	회프디	고다포스

09 : 7월 20일

스티키스홀무르와 키르큐페들

주요 일정 : 자동차 이동거리 360km

Blönduóskirkja(Blönduós) → Grábrók → Helgafell → Stykkishólmur(Súgandisey cliff, Stykkishólmskirkja) → Kirkjufellfoss → 숙소(Grundarfjörður)

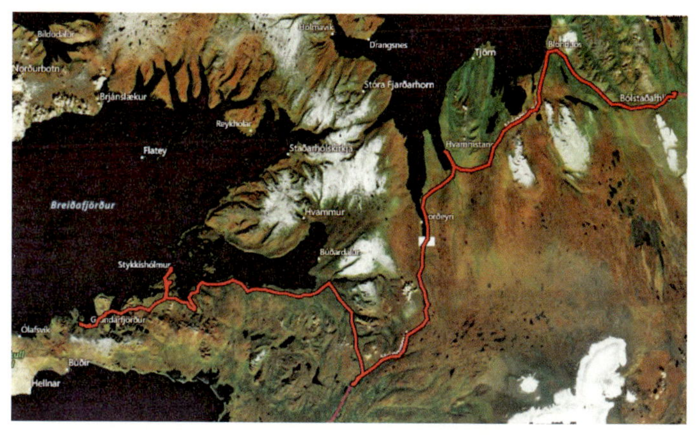

6시간 정도의 숙면.

일어나니 햇빛이 환하다. 얼마나 오랜만에 보는 햇빛인가? 어제 구름 속에 가리워졌던 양쪽 산의 위용과 기슭으로 흘러내리는 폭포, 점점이 흩어져 있는 양들과 드넓게 흐르는 개울들. 드문드문 박혀 있는 빨간 지붕의 집들이 햇빛을 받아 선명하게 빛난다.

하지만 이 좋은 아침에 어떤 음악을 들으며 갈 것인가로 티격태격하는 부자지간. 운전대를 잡자마자 졸음을 부르는 클래식에 불평하는 아들을 위한답시고 따로 녹음해온 100곡의 올드팝송을 튼 게 화근이었다.

비틀즈까지는 참겠는데 나머지는 정말 견디기 힘들다나. 역시 음악 취향은 젊은이와 공유하기 힘들다! 이전에 이틀 정도 들었던 것만으로도 마치 트로트를 들은 듯 지겨워했던 아들의 폭발과 100곡이나 되는 걸 반복해서 들었을 리 없다는 아빠의 분노가 부딪쳐 강렬한 파열음을 내고 이 좋은 풍경들이 침묵 속에서 우울하게 지나가버린다. 이편을 들어도 저편을 들어도 별로 도움이 되지 않아 역시 가족여행은 힘들다는 결론으로 한숨 쉬며 침묵의 시간을 보낼 수밖에.

결국 내가 제안한 영화 '월터의 상상은 현실이 된다'의 OST('step out' 등)와 아이슬란드 대표 가수라는 시규어 로스Sigur Rós의 곡을 번갈아 듣기로 했으나 그것도 인터넷이 잘 안 터져서 매끄럽게 감상하기는 어려웠다. 그럴 때는 가끔 아이슬란드 현지의 에프엠 음악방송도 틀면서(그것이야말로 우리가 즐기기에는 좀 힘든 음악들이었다!) 조금 분위기가 나아졌다. 이제 아들도 어린애는 아닌지라 그럭저럭 서로 마음을 가라앉히고 쉼터인 해안가 마을 **블론뒤오스**Blönduós에서 장을 보며 다시 평상의 여행모드로 돌아올 수 있었다. 후유….

* * *

… 운전을 오래하고 있던 내게 아빠의 올드팝송들은 너무 졸리고 지루했으며 같은 음악의 반복으로 느껴졌다. 그래서 좀 짜증을 냈던 것으로 기억한다. 인터넷이 잘 안 터져서 내가 쓰는 멜론이나 사운드클라우드

블론뒤오스 가는 길

같은 앱으로 음악을 틀기도 어려웠다. 자꾸 끊겨서. 결국 인터넷에만 의존해서 미리 음악을 준비 안 한 건 내 잘못.

* * *

이 동네에도 마을의 상징인 **블론뒤오스 교회**Blönduóskirkja라는 멋진 디자인의 교회가 있다. 교회 앞에 커다란 십자가를 땅에 박아 세워놓은 게 눈에 확 들어왔고 오른쪽 지붕 끝에 사각의 구멍을 뚫어 거기에 작은 종을 매단 것도 특이했다.

열린 문으로 안을 들여다보니 가운데 관을 놓고 장례를 준비 중인

블론뒤오스 교회

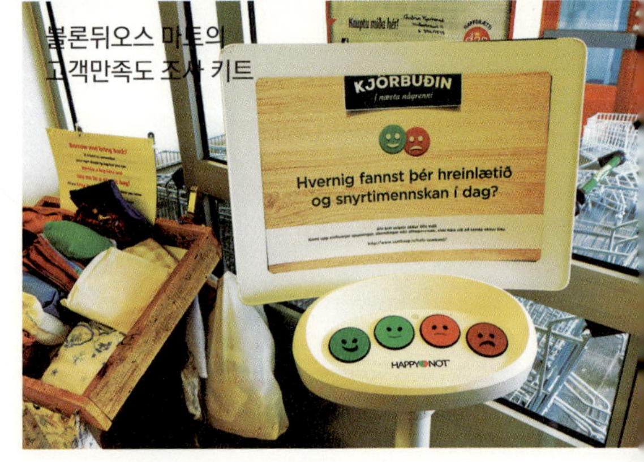

블론뒤오스 마트의
고객만족도 조사 키트

듯 출입을 막고 있었다. 기독교 신자는 아니지만 이 나라에 와서 보는 교회들의 모습이 모두 인상적이어서 다 들어가 보고 싶었다. 무엇보다 색과 형상이 심플하여 이 나라 대자연의 일부로서 손색이 없었다. 단순한 디자인 속에 종교의 진수를 담은 듯 요란하지 않은 건물. 유럽의 오래된 성당들의 화려한 장중함과는 다른 간결한 멋이라고나 할까?

다시 평원과 산. 이 지역은 말을 많이 기르는 곳 같다. 조금 작고 마르긴 했으나 정말 잘생긴 말들이 종종 멋진 갈기를 날리며 달리고 있다. 가끔 관광객들을 태우고 풀밭을 달리는 모습도 보인다.

아이슬란드 말은 왜 이렇게 특이하게 잘생겼을까 궁금했는데 알고 보니 이 나라에서만 키우는 토종말로 이 나라 기후에 맞도록 진화된 것이고 이들을 보호하기 위해 많은 정성을 기울인다고 한다. 다른 종과 절대로 섞이지 않게 할뿐더러, 수출할 수는 있으나 한 번 외국에 나간 말은 결코 다시 들여올 수 없다고 한다. 그만큼 고유종의 보존에 정성을 들인다는 것. 암튼 이곳 말은 정말 품위 있고 아름답다.

해가 다시 들어갔다가 잠깐의 안개를 뚫고 나왔다.

물개를 구경할 수 있다는 어촌(Hvammstangi)을 찾아갔으나 거의 쓸데없는 방문이었다. 그 마을 Seal Center에서 돈을 내고 배를 기다려 멀리 나가야 물개를 볼 수 있다는 것. 값도 비싸고 시간도 많이 걸려 우리에겐 그림의 떡.

물개야 미국 오레곤 해안 여행할 때 실컷 보았는데 왜 남편이 이곳을 코스에 넣었는지 이해할 수 없었다. 본인도 자신의 계획 중 옥의 티라고 후회한 곳이었다. 그래도 여긴 햇빛에 빛나는 해안선과 바다가 아름다웠다. 그나마 해가 비치는 소박한 마을에서 점심(오늘 점심은 블론뒤오스 마켓에서 산 빵과 음료수이다)을 먹었어야 하는 건데 굳이 계획한 대로 다음 뷰포인트까지 가서 먹자는 남편의 고집에 할 수 없이 돌아 나와 한참을 달렸다.

기다렸다는 듯이 해는 들어가고 한 치 앞도 안 보이는 안개 자욱한 뷰포인트(?)에 차를 세웠다. 결국 가지고 간 빵을 우물거리며 아무것도 안

어촌 크밤스탕기.
대구 말리는 모습

보이는 차 안에서 우울한 점심 식사를 해야 했다. 그래도 남편은 운치 있는 식사였다고 우기니 그냥 그렇게 봐주기로 한다(나중에 지도를 보니 그곳은 Bílastæði Holtavörðuheiði란 주차장이었다).

다음 행선지는 **그라우브록**Grábrók. 이제 안개 지역은 벗어났고 날은 너무나 청명하다.

그라우브록은 좀 작은 분화구인데, 미바튼의 크베르피아들이 완전히 검은색의 탄광 같은 분화구였다면, 이곳은 진한 밤색의 땅에 밀가루를

그라우브록

그라우브록

흩뿌린 듯한 색깔이다. 그렇게 높지는 않았으나 위에서 보는 전망은 기가 막혔다. 아이슬란드를 여행하면서 다른 나라와 다르다고 생각하는 것 중 하나는 약간만 높은 곳에 올라가도 늘 엄청나게 멋진 전망을 볼 수 있다는 것이다. 산이나 들에 큰 나무가 귀해서인가?

분화구 둘레를 한 바퀴 돌면서 사방으로 펼쳐진 산과 들을 바라보는 시원함. 특히 그간 흐리고 비가 와서 제대로 감상할 수 없었던 풍경들을 확 트인 시야로, 맑고 환하게 바라볼 수 있다는 게 너무 좋았다. 바람이 엄청나게 불어 모자를 꼭 붙들고 걸어야 했지만 그 바람이 춥게 느껴지지 않는 기분 좋은 날씨였다.

그라우브록에서 얼마 안 가 화장실이 급한 바람에 생각지도 않던 호텔 겸 레스토랑(Hraunsnef Country Hotel)에서 차를 마시게 되었다. 실내에는

Hraunsnef Country Hotel

현지 아이들과 어른들이 동네 파티를 하는지 정장한 모습으로 가득 모여 있어 야외 테이블로 나와 앉아 따스한 햇빛을 즐겼다(한여름에 따스한 햇빛 운운하는 것이 좀 생뚱맞게 들릴지 모르겠으나 아이슬란드 여름 날씨는 그랬다).

오늘 날씨는 특히 우리나라 맑은 가을날이나 미국 서부 워싱턴 지역의 여름 공기를 그대로 옮겨놓은 듯하다. 긴팔 티셔츠 차림이 딱 어울리는 상쾌한 날씨. 사방의 드넓은 벌판과 산 한가운데 있는 소박한 호텔. 늪지에는 오리 떼, 옆엔 양과 돼지 우리가 함께 있는 외양간. 바깥에 뛰어나와 노는 아이들의 모습이 귀엽고 평화롭다. 무엇보다 날씨가 기가 막히다. 청량한 하늘, 따스한 햇빛, 맑은 구름, 선명한 산 그림자, 그리고 넓게 펼쳐진 들판.

호텔 밖에서 놀고 있는 마을 어린이들

호텔 주위의 양

마냥 늘어지고 싶었다.

나른해지는 몸을 이끌고 1번 도로로 북쪽을 향하다 60번 도로로 갈아탄다.

날씨가 좋으니 모든 게 다 빛난다. 날씨 하나로 모든 게 이토록 달라질 수 있다니!

스티키스홀무르Stykkishólmur를 향해 달리다 55번 도로와의 분기점에서 약 17km 직진하니 어느 순간 여러 대의 차량이 주차한 곳이 나타나 우리를 멈추게 했다. 여기가 **브로케이**Brokey섬 앞의 주차장인데, 잠시 숨을 고르고 가도 시간이 아깝지 않을 만한 곳이다. 한쪽은 그렇게 높지 않은 산이 버티고 있고(그 산에 올라가 볼 걸 하는 생각, 돌아와서 많이 했다) 그 반대쪽은 완전히 확 트인 광경이 전개된다. 멀리 스티키스홀무르까지도 보인다.

지도로 확인해보니 그 바다는 **크밤스피요르두르**Hvammsfjörður로, 눈에 보이는 많은 섬들이 하나같이 약간만 물이 불어나도 다 물에 잠길 것 같은 모습이다. 수많은 작은 섬들 건너편에는 멀리 눈이 쌓여 있는 산도 보인다. 나중에 찾아보니 뷰포인트 근처에서 배가 2척이나 좌초했었다고 한다. 당시에는 전혀 눈치채지 못했는데….

이곳에서 약 12km 달려 스티키스홀무르를 향하다 잠시 들른 곳이 **헬가페들**Helgafell. 벌판 한가운데 있는 도토리 모양의 산. 멀리서 보니 올챙이를 닮은 듯도 하다. 이곳은 아이슬란드인에게 매우 신성한 곳으로 우리나라로 치자면 강화도의 마니산 같은 곳이랄까?

헬가페들은 '성스러운 산'이란 뜻인데 이 지역 초기 정착민이 여기에 토르신전을 지었다고 한다. 정상에 중세시대 수도원이었던 흔적도 남아

주차장에서 본 크밤스피요르두르

Eyrarfjall 근처의 Álftafjörður만

있다. 위에 올라 동쪽 바다(오면서 보았던 Hvammsfjörður)를 향해 세 가지 소원을 빌면 이루어진다고 했다. 입장료도 400크로나씩 받는다. 화장실 사용과 주차료까지 합친 거라지만 결국 성산聖山이기에 그러한 듯.

조금 걸어 올라가(높이 73m, 왕복 500m 거리라 오르내리는 데 크게 부담이 없다) 꼭대기에 이르니 사방 들판과 마을이 한눈에 보이고 앞에는 넓은 바다가 파랗게 펼쳐져 있다. **브레이다피요르두르**Breiðafjörður만의 멋진 풍광이 확 트인 채 우리를 반긴다. 가운데 놓여 있는 나침반으로 동쪽을 찾아 나란히 서

헬가페들 입구

서 소원을 빌고 탁 트인 들판과 바다를 한참 바라보다가 내려왔다. 가슴이 후련해진 느낌이다.

길은 여전히 넓은 평원과 바다를 끼고 끝없이 펼쳐져 찬란한 햇살에 빛나고 있었고 길 곳곳이 다 멈추고 싶은 뷰포인트였으나 곧장 달려 **스티키스홀무르**에 도착했다. 19세기 가옥이 잘 보존된, 인구 1,100명의 어촌마을로 이 지역의 문화와 상업의 중심지이고 배로 서부 피오르를 왕래하는 관문이라고 한다. 월터 미티가 처음 그린란드에 도착해 헬리콥

터에 오르는 항구가 바로 이곳이다(영화 '월터의 상상은 현실이 된다'의 그린란드와 히말라야 배경은 사실상 모두 아이슬란드이다).

이곳에 있는 식당으로 홍합요리, 생선요리로 유명하다는 Narfeyrar-stofa를 점찍어 두었으나 너무 붐벼서 한 시간 이상 기다려야 했고, 또 다른 유명한 식당(Sjávarpakkhúsið)은 예약 손님만 받는다고 하여 그 명성을 확인해보지 못했다.

결국 푸드 트럭에서 저녁을 해결했는데, 피시앤칩스(1,500크로나)가 훌륭

했다. 여기가 어촌이어서인지 생선이 매우 싱싱했고 튀긴 감자도 맛있었다. 아무렇게나 만들어주는 듯 그리 대단해 보이지도 않았는데 맛에서 우리를 놀라게 했다. 누가 아이슬란드 음식을 맛없다고 했던가? 적어도 생선요리만은 어디서나 그리 실패하지 않는 듯하다.

그렇게 저녁을 해결하고 바로 눈앞에 보이는 **수간디세이**Súgandisey 언덕을 올라갔다. 항구 바로 앞에 있는 조그만 언덕인데 입구에 주차장이 있다. 막상 계단을 따라 올라가니 제법 높고 넓어서 근방의 바다와 마을

수간디세이에서 바라본 스티키스홀무르

스티키스홀무르 부두

스티키스홀무르. 멀리 보이는 언덕이 수간디세이

멀리서 본 헬가페들

스티키스홀무르 교회

이 시원하게 내려다보이는 아주 전망 좋은 곳이었다. 식후 산책길(총 길이 600m에 고도차 11m)로 딱 알맞다.

등대를 중심으로 좌우 한 바퀴씩 걸으며 시원한 바닷바람에 몸을 맡기다가 내려왔다. 위에서 내려다보이던 이 동네 아름다운 디자인의 교회가 궁금해서 내려와 잠깐 들렀다. **스티키스홀무르 교회**Stykkishólmskirkja라는 하얀색 교회인데 바다 바로 옆에 세워져 있어 푸른 바다의 빛과 교회의 흰색이 잘 어울리는 멋진 건축물이다. 역시 아이슬란드다운 교회 건물이다.

이제 숙소가 있는 그룬다르피요르두르로!

그리 멀지 않았으나 가는 길은 어디 하나 눈길 멈추지 않을 곳이 없었다. 곳곳에 용암이 검은 밭처럼 펼쳐지고 왼쪽으로는 깎아지른 듯한 바위산, 오른쪽엔 멋진 바다가 이어지는 풍경을 가슴 가득 품어 안고 **그룬다르피요르두르**Grundarfjörður로 향한다. 용암지대인 **베르세르캬흐뢰인**Berserkjahraun을 거쳐 콜그라파르피요르두르Kolgrafarfjördur를 조망할 수 있는 뷰포

콜그라파르피요르두르.
피오르 지역이라 그런지
잠깐 주차하고 바라본 풍경이 멋지다.

그룬다르피요르두르

인트에서 잠시 주차하고 전형적인 U자형 피오르를 감상하기도 했다.

그룬다르피요르두르는 스나이페들스 반도 중앙에 위치한 비교적 큰 도시(인구 약 900명)이다. 여기서 3km 거리에 **키르큐페들포스**Kirkjufellfoss라는 폭포가 있는데 폭포 자체는 작은 편이지만 반드시 키르큐페들과 함께 사진을 찍어야만 하는 포토존이다.

키르큐페들Kirkjufell은 그렇게 폭포와 짝을 이루면서 사진에 많이 등장하는 아이슬란드의 상징적인 산 중 하나이다. 마녀의 모자나 고깔처럼 보

키르큐페들포스와 키르큐페들

이기도 하는데, 전체적인 형상이 교회를 닮아 교회산(키르큐페들)이라고 하는 것이다.

이 산을 아이슬란드의 많은 산 중 대표적인 산으로 치는 이유는 무엇일까? 우리 눈에는 더 멋지고 웅장한 산들이 많아 보이는데 말이다. 기독교 국가라 교회처럼 생긴 산을 그렇게 좋아하는 게 아닌가(남편 생각), 산이 폭포, 바다와 조화롭게 어우러져 멋진 구도를 보여주기에 그런가(내 생각)?

우리도 그 유명한 사진을 찍기 위해 여장을 풀고 난 후 곧장 폭포로 향했다. 키르큐페들은 어디서 보는가에 따라 모양이 달리 보이지만 폭포를 앞에 두고 찍으면 거의 대칭인 삼각형으로 보인다. 바다에 떠 있는 듯한 그 멋진 산을 올라가려 계획했던 남편의 야심찬 생각은 산을 바라보는 순간 금세 꺾였다. 사진으로 보는 것과 달리 실제 보니 그리 높진 않아도(463m) 가파름이 심해 아마추어가 올라가기에 무리라는 생각이 들었던 것이다.

하지만 굳이 오르지 않아도 기울어가는 햇빛에 웅장하게 바다로부터 솟아 있는 산을 그저 바라보는 것만으로도 충만한 기분에 사로잡히는 그런 산이다.

폭포 앞에 혹은 옆에 흩어져 산과 기우는 해를 조용히 바라보고 있는 사람들 사이에 우리도 끼어들어 멋진 몇 장의 사진을 남겼다. 전문 사진가들이 여기저기 받침대를 받쳐놓고 사진 찍기에 몰두하는 모습들도 눈에 많이 띄었다.

어차피 밤이 되도록 해가 그리 쉽게 지지는 않을 것이기에 그곳에 마냥 앉아 달력 같은 풍경 속에 멈춰 있을 수도 있었지만 내일을 위해 우린 다시 그곳을 내려왔고, 피곤해하는 남편을 숙소에 내려주고 아들과 둘이 해안을 향했다. 어디 한번 오늘은 해가 지는 순간을 목격해보리라 하면서….

한국에서도 일몰을 보기는 쉽지 않은데 아이슬란드에서 그것도 백야의 계절에 일몰을 보겠다고 바닷가에 앉은 우리의 계획이 너무 무모한 것일까? 우리 말고도 옆에 제법 많은 젊은이들이 맥주를 마시며 바다를 보고 있었다.

왼쪽 바다에 우뚝 선 키르큐페들 옆으로 빨간 해가 기울고 있었다. 일몰이 아니라도 이건 한 장의 그림이고 사진이다. 맑은 하늘을 빨갛게 물들이며 붉은 해가 조금씩 바다로 내려가는 걸 해안가 바위에 앉아 조용히 바라보노라니 머릿속은 텅 비고 마음은 고요해진다. 붉은 해가 구름도 없이 조금도 이지러지지 않은 채 하늘을 물들이고 있었다.

백야에도 과연 해가 질 것인지 궁금해하는 우리들에게 보란 듯이 붉은 태양은 너무도 분명히 바다 밑으로 가라앉았다. 그 순간 시계를 보니 11시 27분. 장엄하고 감동적인 풍경이었다. 지금껏 내가 본 것 중 가장 황홀하고 아름다운 일몰. 하지만 해가 졌어도 사방은 푸르스름하고 환하다. 이러다 새벽 2~3시쯤 다시 해가 뜬다고 하니 이것이 바로 백야로구나!

아침까지 맥주라도 마시며 이 순간을 즐기고 싶었으나 시간이 정해져 있는 여행자인지라 마지못해 숙소로 돌아왔다.

백야의 일몰

하야 한밤의 시간
붉게 물든 하늘과 바다 중간에
검은 키르큐페들 우뚝
우린 한없이 작아지고
영원한 침묵으로 빨려든다

머뭇거리던 소실점 끝
붉은 태양 바닷속으로
가라앉는 순간
다시 시간은 돌고
술잔 너머 어둠이 오려나
기다려도
빛은 금세 새벽을 건너
다시 하얀 아침 몰고 온다

알 수 없는 지구 끄트머리
몸은 밤을 헤매는데
바깥은 말간 얼굴로
나를 깨운다

그룬다르피요르두르 해변에서 맞이한 일몰

* * *

Hvitserkur : Húnafjörður에 떠 있는 높이 15m의 현무암 바윗덩어리인데 밑에 2개의 해식동굴이 있어 전체적으로 코뿔소 모양을 하고 있다. Blönduós에서 링로드와 716번, 711번 도로를 이용하여 빙 돌아가야 한다(62km). 가는 길이 험하고 주위에 이곳 말고는 볼 만한 게 없어서 우리는 일정에서 제외시켰다.

Grábrók : Grábrókargígar가 정식명칭이고, 3개의 분화구가 있는데 그중 Stóra Grábrók은 분화구를 한 바퀴 가볍게 돌 수 있도록 길을 잘 다듬어놓았다. 주차장에서부터 돌아오는 길이가 1km(고도차 46m).

오늘의 베스트 3

	20대 남자	60대 여자	60대 남자
1	스티키스홀무르	키르큐페들과 키르큐페들포스	스티키스홀무르 (수간디세이와 교회 포함)
2	그라우브록	스티키스홀무르	그라우브록
3	그룬다르피요르두르	그룬다르피요르두르	헬가페들, 키르큐페들포스

10 : 7월 21일

스나이페들스요쿨 국립공원 지대

주요 일정 : 자동차 이동거리 220km

숙소 → Djúpalónssandur → Lóndrangar → Hellnar(점심, Baðstofa Cave) → Arnarstapi → Snæfellsjökull → Búðir → Bjarnarfoss → Ytri Tunga → Borgarnes(숙소)

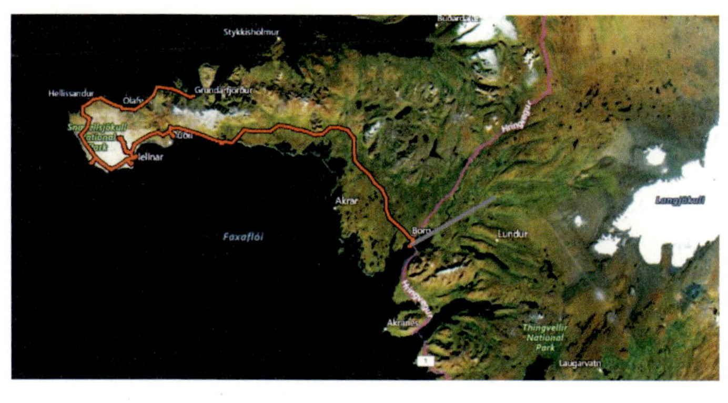

어제부터 시작된 환상적인 날씨가 오늘도 이어진다.

그룬다르피요르두르를 떠나 스나이페들스요쿨 국립공원 지대를 달린다. 날은 파랗고 맑은 공기가 사방 가득한 길. 54번 도로를 거쳐 574번 도로를 타고 스나이페들스네스Snæfellsnes 반도를 시계 반대방향으로 도는 일정이다.

첫 트레킹 코스는 검은 모래 해변 **듀팔론산두르**Djúpalónssandur. 해변으로 나가는 길 오른쪽으로 현무암 기둥들이 우뚝우뚝 서 있는 작은 해벽들과 작고 푸른 호수가 범상치 않은 모습으로 눈길을 사로잡아 바다까지 곧장 나아갈 수 없었다. 하지만 돌아올 때 다시 잘 보리라 다짐하고 겨우 해벽과 호수의 유혹을 뿌리치며 해변으로 걸어갔다.

이곳은 한때 번성했던 어촌 마을이었다고 하며, 어부의 힘을 테스트하는 데 쓰인 4개의 돌(Lifting Stones)이 해변으로 내려가는 길에 있었다. 제일 무거운 155kg부터 23kg짜리 돌까지. 혹시 들 수 있을까 시도해봤으나 가장 작은 돌덩이조차 거의 꼼짝도 하지 않는 수준. 그나마 아들이 젊어 그런지 들어 올렸으나 곧바로 집어던졌다. 그만큼 엄청난 무게라 허리 다칠까 걱정될 정도. 나이 든 사람은 아예 시도해보지도 말 것!

이 해변은 활 모양으로 휘어져 있는데, 검은 모래와 자갈로 뒤덮여 있고 주위에는 기암괴석과 조그맣고 예쁜 호수가 있다. 똑같이 검은 모래 해변이라고는 하나 처음 감탄하며 거닐었던 **레이니스피아라**와는 좀 다르다. 검은 모래가 더 굵기도 하거니와 모래보다 검은 조약돌이 밭을 이루며 해변 가득 채우고 있는 게 특이하다. 검은 모래 해변이라기보다는 검은 조약돌 해변이라 부르는 게 더 맞을 듯.

듀팔론산두르 해변.
모래가 아닌 검은 조약돌밭이다.

듀팔론산두르에 있는
Lifting Stones

듀팔론산두르. 언덕 위 전망대에서 바라본 풍경

듀팔론산두르 해안. 난파당한 배의 잔해와 함께
멀리 조그만 호수가 보인다.

일부러 만들려고 해도 그리 만들 수 없을 정도로 동글동글하고 예쁜 모양의 조약돌들이 신기해서 아들과 둘이 주머니 가득 돌들을 주워 넣었다. 모래는 젖었으나 돌들은 햇빛에 따끈하게 데워진 채 말라 있어 우린 그대로 조약돌밭 위에 누워 더없이 파란 하늘을 올려보며 파도 소리 속에서 시간을 잊었다.

모래 해변에는 녹슨 쇠붙이가 여기저기 흩어져 있었다. 1948년 영국의 트롤러 Epine GY7이 여기서 난파당하여 14명이 죽었다는데 그 잔해라고 한다. 이것도 그대로 두어 야외 설치물처럼 볼거리를 제공하고 있다. 다시 정신 차리고 해변을 되돌아 나오면서 지나쳤던 해벽과 작지만 아주 맑은 푸른 호수에도 잠시 머물러 마음에 담아뒀다(왕복 1.1km, 고도차 24m).

해변을 빠져나와 다시 달리다 **론드랑가르**Lóndrangar에 도착. 먼 들판 너머 해안에 뾰족한 바위 2개(바위 높이가 각각 75m, 61m)가 바다 위로 솟아 있다. 벌판 위로 삐죽이 솟아오른 바위 2개는 흔히 볼 수 있는 풍경이라서 뭐 그리 대단할까 싶어 아들은 차에서 쉬고 둘만 내려 그 들판을 걸었다. 론드랑가르까지의 트레일은 좀 멀어서 그것을 바라볼 수 있는 뷰포인트까지만 걷기로 한 것이다. 그냥 햇빛 아래 야생화 가득한 들판을 걷는 것만도 좋았으므로 끝에 무엇이 있을지는 아무 기대도 하지 않았다.

그런데 막상 그 들판의 끝, 바위가 보이는 절벽에 이르러 아래를 내려다보니 와! 위에서 뾰족한 꼭대기만 보이던 현무암 돌기둥들은 아래로 검은 돌밭을 이루며 넓게 바다에 뿌리를 내렸고, 절벽 사이엔 갈매기들이 하얗게 둥지를 틀고 시끄럽게 울어대며 들락거리고 있었다. 넓은 벌

론드랑가르

헤들나르로 가는 길

판 끝에 이런 절벽이 기다리고 있다니! 적어도 뷰포인트로 이름 올린 지역에 뻔한 풍경이란 없었던 것이다!

다음은 **헤들나르**Hellnar. 우리가 간 곳은 **표루후시드**Fjöruhúsið 카페다. 그 위치가 기가 막혔다. 테이블이 놓인 야외 데크 바로 앞은 주위의 판상절리가 일품인 **바드스토파**Baðstofa란 해안동굴이다. 더욱이 그 동굴의 바위구멍마다 박혀 있는 바닷새들이 울어대는 울음소리. 아이슬란드를 소개하는 유튜브에서 이 해안동굴에서의 음악회 동영상을 본 적이 있다고 남편이 이야기했다. 그만큼 이 나라에서도 명소인가 보다. 카페 앞 해안동굴의 풍경과 소리가 모두 너무 좋아서, 그간 굶주렸던 화사한 대낮을 한껏 누리며 차 한 잔만 마시자고 들른 곳이었는데 그냥 여기서 점심을 먹기로 결정했다.

이 나라에 와서 가장 아름다운 야외식사를 한 순간이다. 해안동굴의 멋진 바위들과 새소리를 가슴에 가득 안고 대구와 새우와 연어가 들어간 아주 맛있는 수프와 빵을 먹었다. 경치가 좋아서 그런지 재료가 좋아서 그런지 지금껏 먹었던 수프 중 최고다. 식사를 마친 후 동굴 가까이 다가가 새들이 드나드는 바다와 바위에 발을 반쯤 담그고 멋진 사진을 찍으며 한참 동안 그곳에서 놀았다. 해안동굴이라 바닷새들의 울음소리가 공명이 되어 온 천지가 그들의 세계인 듯 머릿속은 텅 비어버리고 한동안 다른 시공간에 들어와 있는 듯했다.

거기서 조금만 더 달려가면 원래 우리가 점심 먹기로 예정했던 **아르나르스타피**Arnarstapi가 나온다. 유명한 만큼 비교적 관광객이 많은 곳이다. 점심 먹을 필요가 없으므로 먼저 해벽으로 이어지는 넓고 화사한 들판

헤들나르에 있는 표루후시드 카페

바드스토파

아르나르스타피

아르나르스타피 해변

아르나르스타피 해변의 stone bridge

을 산책하기로 했다.

이곳은 해안에 있는 기이한 형태의 바위가 유명한 곳이다. 해변의 바위와 그 앞에 떠 있는 조그만 섬이 아름답거니와 그 바위 절벽 역시 거의 주상절리다. 들꽃 아래 절벽마다 갈매기가 둥지를 틀고 날아다니며

아르나르스타피 해변

울어대는 모습도 특이했지만 그보다 더 좋았던 건 바람에 살랑대는 풀과 꽃이 가득한 너른 들판을 따스한 햇빛 속에서 하염없이 걸은 것이다. 마치 영화의 한 장면을 찍는 기분이었다. 그것도 주인공이 긴 여정 끝에 고향에 돌아와 편안하게 들판을 걸어오는 장면 같은 것. 비 오는 며칠간의 강행군 끝에 갑자기 휴가를 즐기는 듯한 기분이라는 아들의 말에 전적으로 공감했다.

점심을 먹었던 헤들나르에서 여기까지 해안을 따라 만들어진 트레킹 코스 중 삼분의 일쯤만 걸었다. 이렇게 멋진 산책길이 또 있을까 하는 생각을 하면 끝까지 걷지 못한 것이 아직도 아쉽게 생각된다. 왕복 6km가량의 코스가 시간상 부담이 컸기 때문이다.

느긋이 걷고 난 후 야외에서 시원한 음료를 마시며 한낮의 태양을 즐겼다. 이 카페의 메뉴판이 재미있었다. 쥘 베른의 작품 제목들이 피자 메뉴였다. 아예 '쥘 베른 피자'라는 제목하에 개별 작품명으로 피자 이름이 쓰여 있었다. 그의 작품이 이곳을 배경으로 만들어졌기 때문인 듯. 메뉴 속 피자 이름은 'Journey to the Center of the Earth 지구 중심으로의 여행 -2,500크로나', 'Around the World in 80 Days 80일간의 세계일주 -1,800크로나' 식이다.

아르나르바이르 식당 메뉴. 왼쪽에 쥘 베른 피자가 소설 제목별로 나와 있다.

특히 우리나라에 『지구 속 여행』으로 번역된 상기 작품은 아예 이곳 스나이페들스요쿨이 배경이니 이런 아이디어가 나올 만하다. 물론 그 밑에 재료가 일일이 나와 있으니 모짜렐라와 페페로니와 올리브오일을 넣은 피자 정도라는 건 충분히 알아차릴 수 있었다. 아쉽게도 음료수밖에 안 먹어서 맛이 어떤지는 알 수 없다.

그렇게 들판과 바다가 한없이 수평으로 펼쳐진 공간에서 노닐다 이제 본격적인 산길을 오르기 시작했다. **스나이페들스요쿨**Snæfellsjökull 빙하가 있는 곳으로 최대한 높이 올라가 보는 코스. 쥘 베른 소설 『지구 속 여행』에서 지구 속으로 들어가는 입구가 바로 그 정상에 있다는 곳이다. 1,800년 전쯤 마지막 폭발이 있었던 활화산으로 설산의 정상 높이가 1,446m이다(그런데 소설에서는 1229년 마지막 폭발이 있었고 높이가 1,500m가량인 사화산이라고 묘사하고 있다).

아르나르스타피에서 나와 우회전한 후 바로 왼쪽으로 나 있는 F570번 도로를 타고 스나이페들스요쿨로 향한다. 시작부터 비포장도로다. 그것도 평지가 아니라 오르막길과 내리막길이 반복되며 어떤 구간은 길이 옆으로 경사가 진, 참으로 위험한 길. 아들과 남편의 진땀나는 주행. 특히 옆으로 30도(느낌으로 그랬다) 정도 경사진 구간을 지나는 데에서는 모두가 손에 땀을 쥘 만큼 긴장하지 않을 수 없었다. 그런 길이 있을 줄 미리 알았다면 다른 여행객처럼 밑에 주차하고 걸어 올라갔을 것이다. 결국 이로 인해 자동차 속에 자갈이 박혀 나중에 수리비를 들여야 했다.

하지만 보람 있었다. 정상에 가장 가깝고 높은 지역까지 접근한 덕에 사방의 넓은 전망과 광대한 만년설의 봉우리, 빙하를 아주 곁에서 볼 수 있었다. 눈덩이 아래 태초의 얼음이 여전히 거기 쌓여 있는 것이리라. 요쿨살론 같은 호수에서 보는 얼음덩어리들과는 또 다른 느낌. 한여름에도 산을 누르고 있는 이 얼음들은 헤아릴 수 없이 오랜 세월 동안 거기 그렇게 버티고 잠겨 있었으리라. 바로 옆에서 그 태초의 침묵을 바라보고 있노라니 내 언어도 다 얼어버린 듯했다.

멀리 바다가 보이고 그 앞에는 드넓은 초지. 그 한가운데는 커다란 호수. 빙산을 뒤로하고 펼쳐지는 풍경 또한 거대한 침묵에 일조한다. 물론 오늘처럼 날씨가 좋아야 볼 수 있는 풍경. 아이슬란드에 왔다면 여기는 반드시 한 번 와서 가슴을 펴고 서 있을 만한 곳이다. 연암이 처음 열하에 가서 끝없는 요동 벌판을 보며 사람이 한 번 거기 서서 울어볼 만한 곳이라 했다더니 이곳 또한 그러하다. 울 것까지는 없지만 가장 큰 심호흡을 하고 고요히 태초의 침묵 속에 잠겨볼 만한 곳. 실제 지구 속으로 가볼 수는 없어도 적어도 이곳을 통해 소설적 상상을 해보기에는 충분한 곳.

스나이페들스요쿨. 지구 중심으로 들어가는 입구까지는 아니어도 빙산을 가장 가까이에서 볼 수 있었다.

스나이페들스요쿨에서 내려오는 길. 멀리 아르나르스타피 해안이 보인다.

잠시 서서 빙하의 적요를 누리다가 내려가는 길. 올라가면서 힘들었던 아들과 교체해 이번에는 남편이 운전대를 잡고 험난한 비포장도로를 조심스레 내려와 무사 귀환을 축하했다. 이제 와 하는 이야기지만 거의 자동차가 전복될 것 같은 느낌이었다고. 운전 못 하는 나만 태평했었나 보다.

비포장도로를 벗어 나와 다음으로 향한 곳은 해안도로 옆 바다에 이르는 들판을 산책하다가 해안절벽을 만나는 코스. 푸른 들판에 자그맣게 서 있는 **검은 교회**(Búðakirkja)가 들판의 색깔과 잘 어울리는 곳. 이 교회는 그 자체로는 별 게 없지만 빙산과 푸른 들판의 한가운데 검은색으로 서 있는 게 아주 잘 어울려 이곳의 상징처럼 사진에 자주 등장하곤 한다.

다시 들판을 걸어 이번엔 해안으로 내려가 해초가 가득 덮여 있는 미끄러운 돌과 함께 버려진 듯한 모래사장을 걸었다. 멀리 한 가족이 해안

해변에서 본 검은 교회

부다키르캬 인근 해변

에 앉아 무언가를 먹고 있는 듯. 아무도 이 해안에는 더 이상 오지 않았다. 사람도 거의 없는 푸른 바다와 거대한 바위산과 들꽃 가득한 벌판이 찬란한 태양 아래 빛나고 있는데 다만 걷는 것만으로 황홀하지 않을 수 있겠는가? 계속 더 걷고 싶었지만 시간이 부족해 다시금 그 벌판과 바다와 절벽의 아름다운 그림에서 빠져나왔다.

54번 도로를 타고 다시 달려가자 어디에서도 눈에 확 띄는 기다란 폭포가 왼쪽에서 길을 막는다. 길가에서 바로 보이는 폭포. 고개를 한껏 젖혀도 다 보이지 않을 만치 까마득한 높이의 **뱌르나르포스**Bjarnarfoss. 그간의 드넓은 폭포와 달리 이야말로 '곧은 소리를 부르는' 높고 기다란 폭포다. 멀리서 보기에도 소리와 높이가 굉장하다. 이미 너무 많은 곳을 걸어온지라 폭포 꼭대기까지는 걷기 힘들어 폭포 아래 개울과 다리 밑에서 한껏 올려다보며 웅장한 소리만 듣다가 내려왔다. 그것만으로도

뱌르나르포스

물개를 아주 조금 볼 수 있었던
이트리퉁가 해변

이트리퉁가 주차장에서 나오다 만난 양

속이 후련해지고 가슴이 뻥 뚫리는 듯하다.

계속 54번 도로를 동쪽으로 달리다가, 물개가 출몰한다는 해안(Ytri Tunga)으로 한 번 더 걸었다. 사람들이 몰려 있는 곳에 가보니 두어 마리의 물개가 얼굴을 빠끔히 내밀고 헤엄치고 있었다. 미국 태평양 연안에서 떼로 몰려 있던 물개를 본 경험이 있는지라 겨우 두어 마리라니 좀 실망했다. 사진에서 보면 꽤 많은 물개들이 있던데 아마도 때를 잘못 맞춰

왔나 보다. 그저 해안을 걸었다는 것에 의미를 두고 오늘의 여로는 여기서 마치기로 했다.

더 이상 다른 곳은 생략하고 오늘의 숙소가 있는 보르가네스로 향했다. 시간이 허락한다면 **Gerðuberg Cliffs**도 거쳐왔을 텐데 하는 아쉬움이 남편에게는 있는 것 같다. 그곳은 아이슬란드에서 가장 긴 주상절리 절벽이 있는 곳이란다. 이미 여러 곳에서 다양한 형태의 주상절리를 보고 온지라 나와 아들은 단박에 거절하여 남편의 뜻을 꺾고 바로 보르가네스로 향한 것이다.

보르가네스Borgarnes는 인구가 2천 명 가까이 되는 비교적 큰 도시로 아이슬란드의 정착기 역사를 볼 수 있는 **세틀먼트센터**가 있다. 이 도시에 있는 숙소는 청결함과 세심한 배려에 있어 우리가 묵었던 어떤 숙소에도 떨어지지 않았다. 여장을 풀고 바다에 면한 작은 호텔 레스토랑(Englend-ingavík)에서 맛있는 저녁 식사를 했다. 쌀쌀하여 야외에서 먹는 건 포기하고 그 대신 식사 후 해안가를 산책했다. 오늘도 날이 좋아 황홀한 일몰을 볼 수 있을 것 같았으나 너무 피곤하여 그냥 돌아와 잠자리에 들었다.

보르가네스 숙소 내부

잔디지붕집. 새로 지붕으로 덮을 잔디가 둘둘 말려 있다.

보르가네스 해안

보르가네스에 있는 축구장.
바닷물에 공이 많이 빠졌을 것으로 예상된다.

아이슬란드 해벽 앞에서

절벽은 늘 올려다보는 줄만
아니 올라야만 절벽에
발 딛고 설 수 있는 줄
알았다

햇빛 가득 안고
들꽃 만발한 너른 들판을 걸어
귀향의 노래 부르며
이제 막 집이 기다리고 있을 듯한 벌판 끝
갑자기 아래로 깎아지른
절벽이 거기 있을 줄
하얀 물새소리 가득한

검푸른 바다가
발아래 펼쳐질 줄
정말 몰랐다

절벽의 의미
벌판이라는 뜻
내 머릿속 지우개로 모두 지운다

세상 모르는 게 너무 많은
편협한
내 상식을 모두 지운다
세상 끝 벌판 끄트머리
해벽 위에서

* * *

어제부터 '날씨가 모든 걸 다 했다'는 생각이 들 정도로 너무 행복했다. 그라우브록 근처 카페에서 커피를 마시고, 헤들나르에서 햇빛과 여유를 즐기며 맛있는 음식을 먹었던 단순한 행위 자체만으로도 행복감을 느낄 수 있었다. 아이슬란드에서 도대체 해는 언제 정확히 지는지 볼 수 있는 절호의 기회였기에 일몰을 보러 바닷가에 나갔을 때에도 그렇고, 날씨가 사람의 기분에 주는 영향은 대단한 것 같다고 새삼 느꼈다.

인간은 역시 기본 욕구가 충족되었을 때 가장 행복한 것인지…. 이날 역시 뭐 하나 빼놓을 수 없는 완벽한 일정이었다고 느꼈다.

* * *

Snæfellsnes 반도 : 아이슬란드 북서부에 자리하고 있는데 그렇게 넓은 지역은 아니지만 빙하, 주상절리, 검은 모래 해변, 분화구, 용암동굴 등 아이슬란드를 대표할 수 있는 모든 요소가 갖추어져 있어 아이슬란드의 축소판이라고 할 만하다. 레이캬비크에서 비교적 가까운 거리에 있어 관광객들로부터 많은 사랑을 받는 곳이고, 2001년 국립공원으로 지정되었다.

Lóndrangar : 주차장에서 두 바위까지 트레킹 코스는 왕복 2.2km(고도차 65m)인데 대부분 평평한 들판이다. 주차장에서 가까운 곳(330m 거리)에 전망대가 있는데, 절벽에 수많은 바닷새들이 날아다니는 모습을 볼 수 있다. 여기서부터 두 바위 반대편의 트레일(5.5-6.5km)을 따

라 헤들나르까지 하이킹할 수도 있다.

- **Hellnar** : **아르나르스타피**Arnarstapi까지 해안선을 따라 연결된 편도 2.7km 하이킹 코스는 서부 아이슬란드에서 가장 유명한 트레킹 코스 중 하나이다. 도중에 아치형의 **가트클레투르**Gatklettur라는 바위도 볼 수 있다.
- **Arnarstapi** : 많이 걷지 않고 바로 가트클레투르로 가고 싶으면 Bárðar Saga Snæfellsáss상(스카르탄손이 제작한 거대한 영웅 조각상)과 가까운 주차장에서 걸어가면 되며, 돌다리(stone bridge)를 포함하여 느긋하게 아르나르스타피 해안을 걷고 싶으면 이 주차장을 지나 동쪽 끝에 있는 부둣가 주차장에 주차하면 된다.
- **Snæfellsjökull** : 높이 1,446m이다. 아르나르스타피에서 574번 도로로 레이캬비크 쪽으로 가다가 왼쪽으로 난 비포장도로(F570번)를 타야 한다. 이 도로는 우리가 아이슬란드에서 경험한 도로 중 가장 험한 도로였다. F570번 도로가 시작되는 곳에서 약 7km 정도 올라가면 주차장이 나오고 여기서 편도 1.1km 정도 걸어 올라가면 빙하를 가까이서 볼 수 있는 곳이 나온다. 이 길은 차로 갈 수 있지만 일차선인 데다 길 자체가 산의 경사면과 같은 각도로 기울어져 있어 운전을 위해서는 강심장이 요구된다.
- **Bjarnarfoss** : 꽤 높은 곳(낙차 79m)에서 계단형으로 떨어지는 폭포이다. 주차장에서 작은 다리까지는 거리가 400m(고도차 약 30m)이고, 폭포 가까운 곳까지는 600m(고도차 120m인데 가파르다)이다.

오늘의 베스트 3

	20대 남자	60대 여자	60대 남자
1	헤들나르, 바드스토파	헤들나르, 바드스토파	스나이페들스요쿨
2	스나이페들스요쿨	스나이페들스요쿨	아르나르스타피
3	아르나르스타피	아르나르스타피	론드랑가르

11 : 7월 22일

흐뢰인포사르 폭포와 레이캬비크

주요 일정 : 자동차 이동거리 185km

숙소 → Deildartunguhver(점심) → Hraunfossar & Barnafoss → Reykjavík(Old Harbour, Epal Harpa, Sun Voyager 등 시내투어)

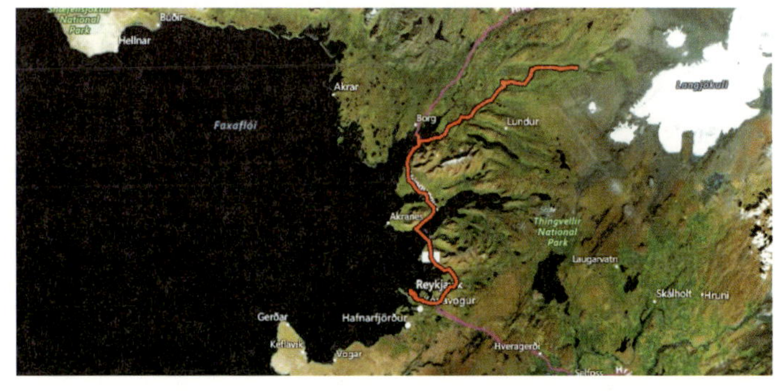

험한 비포장길인 스나이페들스요쿨에 갔다 온 후, 브레이크를 밟으면 차에서 이상한 소리가 났다. 오늘은 레이캬비크까지 240km 이상 달려야 하는데 차에 문제가 생기면 큰 일이다. 렌터카 회사에서 소개한 근처 수리센터 엔지니어가 앞바퀴에 조그만 돌이 박혔다는 사실을 알아냈다. 돌을 간단히 빼내는 것(수리비 2,400크로나)으로 자동차 문

바퀴에 문제가 생겨 찾아간 카센터

제는 해결됐지만 그러는 바람에 11시 반 넘어 출발했다.

먼저 향한 곳은 **데일다르퉁구크베르**Deildartunguhver로, 유럽에서 가장 빠른 속도로 용출(초당 180리터)하는 온천이라고 한다. 이곳 스파(Krauma)에서 점심을 먹었다. 야외에 온천수가 흘러나오는 곳을 구경했으나 뭐가 유명하다는 건지 도통 알 수 없다. 아무래도 여기 머물며 온천욕을 해봐야 제대로 그 가치를 알 수 있을 듯. 그러나 따스한 햇빛을 받으며 옥외에서 식사를 즐기는 것만으로도 충분히 기분 좋은 곳이다.

너무 나른해서 더 이상 다른 곳으로 가고 싶지 않지만 억지로 일어나 남편이 꼭 보아야 한다고 주장하는 **흐뢰인포사르**Hraunfossar 폭포로 제법 오래 달려갔다. 먼저 위에 있는 **바르나포스**Barnafoss라는 다소 평범한 폭포를 보면서 굳이 이걸 보려고 이렇게 멀리 와야 했나 투덜거렸지만 그 아래 지점에 터키블루색의 뽀얀 물 색깔과 넓게 펼쳐져 있는 흐뢰인포사르를 보자 눈이 번쩍 뜨였다.

수량이 많거나 높이가 높다거나 폭이 넓거나 소리가 우렁차다거나 그래서가 아니다. 아마도 이런 스타일의 폭포는 세상 어디에도 없을 듯. 정말 특이하다. 엄청나게 많은 자잘한 폭포들이 그것도 정말 낙차가 별로 없는 나지막한 산 중턱 수많은 구멍 구멍에서 쏟아져 나와 줄줄이 옆으로 늘어져 내리는 모습. 지하의 맑은 샘이 용암을 뚫고 흘러나와 자잘한 폭포로 줄지어 크비타강으로 흐르는 것이라 한다. 자그마치 길이가 900m라고 한다. 그걸 모두 합친 넓이로 보자면 아마도 나이아가라보다 더 넓지 않을까 싶었다(나중에 찾아보니 나이아가라의 폭은 671m다).

암튼 아이슬란드는 한마디로 폭포의 향연장이다. 이렇게 다양한 종류

데일다르퉁구크베르의 크뢰이마 스파

흐뢰인포사르 폭포

와 형상의 폭포를 이처럼 원 없이 볼 수 있는 데가 있을까?

얼른 대도시로 가고 싶다는 아들의 강력한 의지에 따라 나머지 경치를 보는 일정은 생략하고 한참을 쉬지 않고 달렸다(운전 교대하자는 아빠의 호의도 거절하고 중간에 쉬지도 않고). 드디어 처음으로 나타난 4차선 도로. **레이캬비크** Reykjavík다. 얼마나 오랜만에 보는 대도시인가!

레이캬비크 숙소에서 바라본 바깥 풍경

숙소 주차장. 레이캬비크에는 주차장을 보유한 숙소가 많지 않다.

숙소 근처 건물 벽의 그래피티

레이캬비크 중심가에 있는 숙소는 일반적으로 주차가 쉽지 않다는데 우리가 택한 숙소(Hverfisgata Apartment)는 주차도 쉽고 시내 한복판에 있어 가볼 만한 곳은 다 걸어갈 수 있는 위치(할그림스키르캬까지 400m)였다. 값(248.4 유로)도 그다지 비싸지 않았다.

숙소 찾기와 출입문을 열 수 있는 팁이 담겨 있는 동영상을 주인이 보내준 것으로 보아 숙소 찾기가 좀 어려운가 보다. 하지만 우린 두 남자의 우수한 공간 지각력과 좋은 앱 덕에 다행히 쉽게 찾았다. 위치가 좋고 무료주차가 가능한데도 가격이 저렴한 이유는 숙소가 더블베드 하나에 소파베드로 구성되어 있다는 점 때문인 것 같다. 그 점을 제외하면 접근성과 주차 편의성 면에서 강추할 만한 곳이었다. 일찌감치 짐을 풀고 차를 세워둔 후 시내를 걷기로 했다.

역시 수도인지라 도시가 크고 관광객이 많아 처음으로 복잡함을 느꼈지만 한편 익숙한 편안함 같은 것도 있었다. 그래도 이 도시는 서울이나 유럽의 다른 도시들과 달랐다. 집들은 심플한 형태인데 색색의 건물들과 곳곳이 그래피티로 덮여 있고 여러 조각품과 다양한 디자인의 글씨들이 도시 전체를 젊은 디자인 감각으로 빛나게 한다. 뭔가 예술의 도시, 디자인의 도시라는 느낌? 그것도 아주 젊음의 감각으로 이뤄진.

첫 명소로 찾아간 곳은 **'12 Tónar'**. 너무 유명해서 그런지 내 음악적 취향이 대단치 않아서인지 예상만큼 감동하지 못했다. 마음대로 시디를 집어서 들어볼 수 있다고 하는데 그런 사람들이 보이지 않았고 실제 시디 플레이어에는 아무것도 들어 있지 않아 용감하게 시디를 골라 넣어 들어보는 시도를 하기가 좀 쑥스러웠다. 독일의 바하뮤지엄은 헤드폰을 끼는 것만으로 들어보는 것이 가능했는데….

12 Tónar 내부

음료를 무료로 마실 수 있다고 들었지만 아무도 그러는 사람이 없어 시도해보지 못했다. 음료 주문대와 계산대 옆에서 주인(좀 무서운 인상?)이 지켜보는데 아무것도 사지 않은 채

레이캬비크 시내

레이캬비크 시내

무지개색 건물. 성적 다양성에 개방적인 아이슬란드의 면모를 잘 보여준다.

단순히 조그만 베란다일 뿐인데 다양한 색으로 꾸며 사람의 눈길을 끈다.

음료를 달라고 할 용기는 없었다. 지하에 오래된 LP판들을 모아놓은 게 흥미 있었지만 어쨌든 소심한 우리 취향에 맞는 가게는 아니었다.

오랜만에 도심을, 그것도 젊음이 흥성거리는 아름다운 거리를 걸어다니다 보니 마음이 풀어지고 기분이 좋아졌다. 아들은 별것도 아닌 간판이나 스위치나 스티커나 그래피티나 그 모든 걸 사진에 담으려는 듯 연신 셔터를 눌러댄다. 수상관저와 Ingólfur Square를 거쳐, **올드 하버**Old Harbour로 갔다.

거기서 예상치 못한 식당(Kopar) 하나를 발견하여 화려한 저녁 식사가 이루어졌다. 부두에 정박한 배들을 창밖으로 바라보며 와인까지 한 병 시켜 만찬을 즐겼다. 다소 비쌌지만(3인분 식사와 와인에 23,780크로나, 약 23만 원) 음식에 대한 악평이 자자한 아이슬란드라도 비싼 곳은 역시 맛이 있단 걸 새삼 느낀 식당.

느긋한 저녁을 먹은 후 올드 하버를 더 걸었다. 중간에 **해양박물관**(Maritime Museum)이 있지만 늦은 시각이라 들어가 보지 못했다. 올드 하버 해

식당 코파르(Kopar)에서의 저녁 식사

식당 코파르(Kopar)에서 본 Old Harbor 모습

올드 하버에서 본 에팔 하르파

에팔 하르파 내부

에팔 하르파 위층에서 내려다본 내부

안을 쭉 걸은 다음 콘서트 및 컨퍼런스홀로 이용되는 **에팔 하르파**Epal Harpa(아이슬란드어로 하프라는 뜻이라고 한다)로 향했다. 낮에는 가이드투어도 있다는데 우린 무료로 개장된 부분까지만 보기로 하고 건물 안으로 들어섰다.

레이캬비크의 심플하고 소박한 분위기와 어울리지 않게 화려하고 크기만 한 건 아닌가 의심했지만 막상 들어가 보니 그런 의심을 지워버릴 수 있었다. 그냥 벌집 모양인가 했더니 이 나라의 가장 대표적 자연인 주상절리를 유리로 표현한 것이라 한다. 겉모습도 대단했으나 안에서 보니 다이아몬드처럼 빛나는 보석 가운데 들어 있는 듯 황홀하고 아름다웠다. 가이드투어를 하면 다른 내부 콘서트홀도 구경할 수 있었으리라.

1층과 4층과 5층으로 오르내리며 우리에게 허락된 실내만 보는 데도 사진 찍을 부분이 많았다. 우리나라에도 이렇게 관광객들이 구경할 만한 건축물이 있나? 서울에 가면 한 번 알아봐야겠다.

Epal Harpa에서 나와 도보로 7분 거리의 해변에 바이킹 배를 형상화한 조각물인 **선보이저**Sun Voyager가 보였다. 바다 건너편의 에스야산까지 포함하여 멋진 사진을 만들 수 있는 곳이다. 우리도 사진 한 장을 남기고 숙소로 향했다.

숙소로 걸어오다가 만난 정장차림의 숙녀가 신기해 보였다. 여기도 20만이나 되는 시민이 살고 있는 곳이니 이곳 생활인을 보는 게 당연한

선보이저

아이스크림 가게(Valdi's)

황혼 무렵의 레이캬비크 시내

할그림스키르캬가 보이는 레이캬비크 시내

일인데 그들을 보는 게 놀랄 정도로 그들보다 관광객의 활보가 더 자연스레 느껴지는 곳. 아이슬란드는 그런 곳이다.

* * *

속성 코스로 겉핥기식 투어를 성공적으로 했지만, 역시나 레이캬비크 시내를 좀 더 여유 있게 경험했으면 하는 생각이 들었다.

아마도 다음에 오게 된다면 로컬들과 대화도 많이 나누어보고 사람들 사는 모습과 문화에 대해 좀 더 보려고 하지 않을까 싶다.

* * *

- 보르가네스 방향에서 레이캬비크로 갈 때 **크발피요르두르**Hvalfjörður를 가로질러 가는 터널(5,770m 길이에 165m 깊이. 2018년 9월부터 무료)을 이용했다. 그러나 터널로 가지 않고 47번 도로를 타고 크발피요르두르를 빙 둘러 가면서 멋진 풍경을 감상하는 것도 좋은 대안이다(약 45km 길어짐). 47번 도로로 가면 중간에 Glymur 폭포를 들를 수도 있다. 이 폭포는 낙차가 198m로 아이슬란드에서 두 번째로 높은 폭포인데, 왕복 8km(고도차 400m)로 트레킹하기에는 비교적 힘든 코스이다.
- **Hraunfossar & Barnafoss** : 멋진 폭포지만 가는 거리가 좀 멀다(Borganes에서 약 55km, Deildartunguhver에서도 약 25km 더 가야 한다). 두 폭포 모두 구경하며 걷는데 0.8km(고도차 22m)밖에 되지 않는 평이한 트레일이다.

오늘의 베스트 3

	20대 남자	60대 여자	60대 남자
1	레이캬비크 올드 하버	흐뢰인포사르	흐뢰인포사르
2	에팔 하르파	에팔 하르파	에팔 하르파
3	레이캬비크 시내	레이캬비크 시내	레이캬비크 올드 하버

12 : 7월 23일

ICELAND

할그림스키르캬, 블루라군

주요 일정 : 자동차 이동거리 75km

숙소 → Reykjavík(Hallgrimskirkja, 레이캬비크 시청사 등 시내투어) → Perlan → Blue Lagoon → 숙소(Keflavík 국제공항 근처)

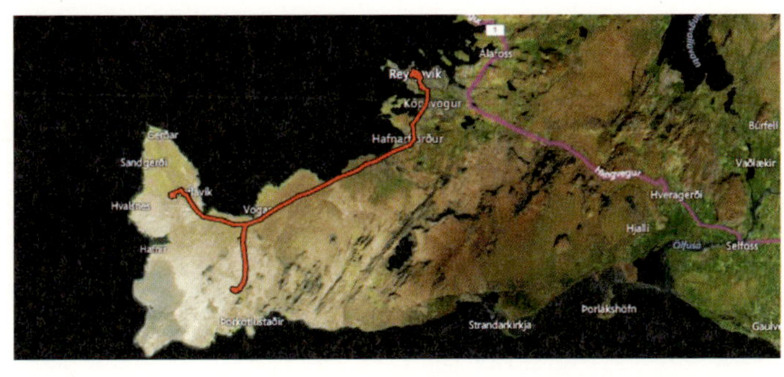

오전 나절을 레이캬비크에서 더 보내기로 했다. 오늘만은 이곳에서 우아한 모닝커피와 빵을 먹고 싶다는 남편의 소원을 들어주고자 그가 적어온 유명 커피숍 **Reykjavík Roasters**를 찾아 들어갔다. 숙소 앞의 수많은 카페들을 놔두고 굳이 찾아간 곳.

하지만 너무 붐비는 사람과 비싼 가격에 눌려 겨우 크루아상 한 개와 커피로 식사 같지 않은 빈약한 아침 식사를 할 수밖에 없었다. 커피 맛은 좋은 듯했으나… 더욱이 내가 신청한 오트밀이 끝내 안 나와서 환불까지 받아야 했다.

젊은 주인이 직접 커피를 내리고 올드한 LP판 음악이 돌아가는 곳. 사

레이캬비크 로스터즈

람이 많지 않다면 꽤 분위기 있는 카페인 듯하다. 하지만 유명하다는 곳은 가끔 이렇게 실망을 주는 경우가 많다. 이 대도시에는 끊임없이 새로운 카페가 생겨나므로 굳이 유명세를 따라갈 필요는 없겠다는 교훈.

아쉽지만 아이슬란드의 역사 유물을 전시하는 **국립박물관**은 패스하고 유명한 **할그림스키르캬**Hallgrimskirkja 앞에 섰다. 커피를 마셨던 곳에서 몇 걸음만 가면 된다. 구드욘 사무엘손의 작품. 이것 역시 주상절리를 형상화한 디자인이다. 대칭으로 이뤄진 주상절리 형태의 삼각 정면 윗부분은 이 도시 어디서나 볼 수 있는데 정면에서 보니 제법 길고 넓다.

외관은 물론 교회 안에서 본 실내도 아주 멋졌다. 파이프오르간과 천장 꼭대기까지 이어진 주상절리 기둥들이 모두 하나로 어우러진 모습. 우리나라의 대표적 콘서트홀인 예술의 전당에도 없는 파이프오르간이 입구 위에 설치되어 있다. 5,275개의 파이프로 구성되어 있다고 한다.

우아하면서도 심플한 모습이 유럽의 다른 중세풍 교회들의 화려하고

할그림스키르캬
(밤 11시 25분 촬영)

들어서자마자 보이는
할그림스키르캬 내부 전경

할그림스키르캬
내부 정면

툐르닌 호수. 오른쪽 건물은 시청사

압도적인 분위기와는 사뭇 다르다. 오래되지 않아 모던한 느낌을 주는 것도 있지만 결과적으로 교회가 전통과 권위로 사람을 억압하지 않아 오히려 종교 본연의 자세를 보여주는 것 같았다. 이 교회뿐 아니라 다른 도시에 있는 교회도 내부 구조는 단순했다(루터교단 교회가 대체로 그렇다고 한다). 돈을 내고 꼭대기까지 올라가면 시내가 모두 보인다고 하는데 시내 전망은 다음 코스로 예정된 페를란에서 보기로 하고 교회를 나왔다.

마지막 시내 구경으로 **툐르닌**Tjörnin 호수와 **시청**(Ráðhús Reykjavíkur)에 갔다. 호수 주변에는 오리들에게 먹이를 주는 사람이 많이 보였다. 호수에

시청사 내부의
3차원 아이슬란드 지도

물이 흘러내리는
시청사 외부 벽면

기둥을 박고 있는 멋진 건물이 시청이다. 정면에는 이끼로 된 벽에 잠수정처럼 둥근 유리창이 달렸고 그 사이로 폭포 같은 물줄기가 흘러내리는 외관이 특이했다. 안에 들어서니 아이슬란드 지형을 3차원 입체로 만들어놓은 커다란 지형도가 있어 그간 우리가 다닌 코스와 지형의 높낮이를 짐작할 수 있었다.

시청을 나와 결국 11시경, 근처에 있는 레스토랑에서 다시 아침을 먹었다. 유명하지 않은 식당이 훨씬 더 낫다는 평을 하면서. 이후 시내를 돌아다니며 여러 가지 기념품 사는 데 시간을 투자했다. 주로 아이슬란드 특산물인 소금을 중심으로 엽서, 양이나 퍼핀이 있는 자석 같은 소소한 것들이지만 물가가 워낙 비싸 제법 돈을 쓸 수밖에 없었다. 책방도(IDA 북카페) 갈 만했고 한 달 전 개장한 아이스동굴이라는 것도 너무 유혹적이었으나 모두 패스했다. 아들의 안타까움과 함께.

마지막으로 간 곳이 레이캬비크를 한눈에 내려다보기에 안성맞춤이라는 **페를란**Perlan. 정말 레이캬비크 시내가 한눈에 들어온다. 멀리 바다와 눈 덮인 산도.

레이캬비크 미술박물관

재무성 청사. 지붕 꼭대기의 다양한 조각 입상이 인상적이다.

페를란

온천 예약시간에 맞춰 2시까지만 식사를 마치면 되므로 식사 후 여유 있게 이 건물을 돌면서 도시 전망을 제대로 해보리라던 우리의 계획이 그만 어그러져 버렸다. 사람이 너무 많아 종업원이 우리 주문을 깜빡하는 바람에 음식이 너무 늦게 나와버린 것이다.

게다가 남편의 음식은 다 타버려서 환불까지 받으며 허둥지둥 나올 수밖에 없었다(여기도 이럴 수 있구나!). 결국 후다닥 한 바퀴 돌며 너무 짧게 시

페를란에서 본 레이캬비크 시내

내 전망을 마치고 건물을 내려왔다. 사실 이곳은 그 외에도 몇 가지 체험을 할 수 있는 곳이었지만 시간이 이쪽에 눈을 팔 여유를 주지 않았다. 생각할수록 식당에서 낭비한 시간이 아까웠다.

드디어 아이슬란드 여행의 대미를 장식할 **블루라군**Blue Lagoon.

4시까지 입장하는 것으로 예약되어 있어 서둘러야 했다.

광활한 용암지대에 어마어마한 넓이의 해수온천이 펼쳐져 있다. 미바튼 네이처 배스와 달리 이곳 물은 지하 2,000m에서 끌어온 해수와 담수를 섞은 온천수라고 한다. 이 나라에서 가장 유명한 온천이고 텔레비전 프로그램이나 사진에서 익히 보아온 곳이지만 막상 옷을 갈아입고 온천에 들어서니 규모가 생각보다 엄청나서 입을 다물 수 없었다.

주변 시설과 관광객 수가 어마어마한, 아이슬란드에서 가장 관광지다운(?) 곳이다. 타월과 머드팩과 음료수 한 잔까지 포함된 입장료(1인당 11,990크로나)도 꽤 비싸다. 하지만 시간에 쫓기지 않고 온종일 논다면, 사람들의 북적임을 축제처럼 즐길 수 있다면 어느 정도 감내할 만하다. 우리가 도착한 4~5시는 해가 중천에 떠 있는 시간이라 늘 붐비는 이곳도

블루라군. 술과 음료를 구입할 수 있는 키오스크. 취객이 생기는 것에 대비하여 인당 구입할 수 있는 주류 개수가 제한되어 있다.

관광객이 그리 많이 몰리지 않아 다소 편안하고 여유 있게 온천을 즐길 수 있었다.

여기 오니 비로소 한국 관광객들의 목소리가 제법 들린다. 울퉁불퉁한 용암벽으로 에워싸인 푸르스름한 우윳빛 물속에 몸을 담그고 시원한 초록색 야채주스를 먹는 기분. 이곳 실리카 흙으로 만든 머드팩을 하얗게 바르고 마주 보며 서로 귀신같다고 웃어대는 따스한 한낮이 명랑하게 울려 퍼진다.

화사한 햇볕 아래 뜨거운 인공폭포와 동굴, 여러 단계의 온도를 지닌 물까지 곳곳을 누비며 즐기는 두어 시간이 결코 길지 않게 느껴진다. 물 바깥을 내다보면 황량하기 그지없는 울퉁불퉁한 돌밭인데 온천 안은 행복한 인간들이 둥둥 떠다니고 있다. 어린애들은 양팔에 튜브를 매달고 아빠 엄마와 함께 깔깔대고 연인들은 얼굴을 비벼대며 한껏 사랑을 하고 젊은이들은 와인을 들어 올리며 유쾌한 바의 분위기를 만들어내고 있다.

가끔 데크로 올라가면 서늘한 바람이 기분 좋게 젖은 몸을 말려주고

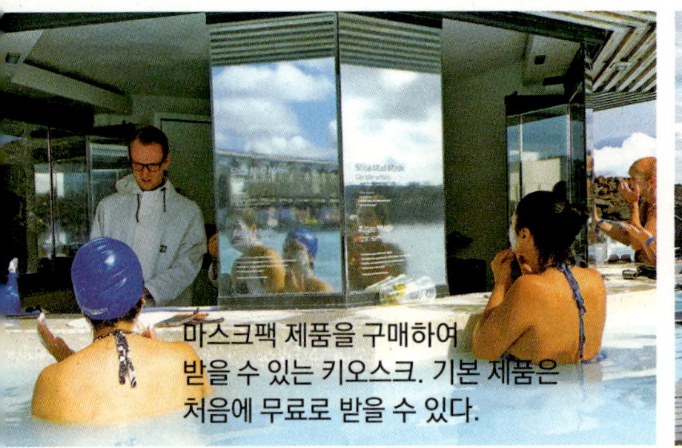

마스크팩 제품을 구매하여 받을 수 있는 키오스크. 기본 제품은 처음에 무료로 받을 수 있다.

시간이 일러 사람이 그리 많지 않았다.

가늘게 뜬 눈 사이로 햇빛이 부서져 내린다. 유난히 행복해하는 아들의 소원대로 유료로 스무디를 한 잔 더 마시고, 남은 시간을 아낌없이 떠다니며 놀았다.

개인적으로는 좀 작아도 미바튼 네이처 배스가 수질도 좋고 야생의 풍광도 좋아 더 맘에 들었으나(가격도 블루라군의 절반이다!) 편의시설이나 넓고 다양한 물놀이 측면에서 이곳이 갖고 있는 장점도 무시할 수는 없었다(여긴 타월과 머드팩이 제공된다). 자연스러움을 추구한다면 미바튼이, 편리함과 안온함을 추구한다면 이곳이 더 나을 것이다. 물론 둘 다 하면 더 좋겠지만.

흡족한 힐링을 마치고 막 밀려들기 시작하는 관광객들을 뒤로한 채 마지막 숙소인 공항 옆 호텔(Airport Hotel Aurora Star)에 짐을 내렸다. 블루라군으로 오늘을, 아니 이번 여행의 마지막을 장식한 것은 아주 훌륭한 결정이었다. 모든 여독을 이것으로 다 털어버린 채 온몸을 가볍게 하여 내일 아이슬란드를 뜨는 것.

렌터카를 반납하고 호텔 레스토랑에서 저녁을 먹고 방에 돌아와 맥주 한 잔을 마시며 대단원의 막을 내렸다.

* * *

다른 것들 다 필요 없고 블루라군 때문에라도 다시 아이슬란드에 오고 싶다는 생각이 든다.

* * *

- **Hallgrimskirkja**는 75m 높이의 교회로 주상절리를 모티브로 한 건축물이다. 낮에 보이는 모습과 밤에 보이는 모습이 다르니 낮과 밤에 다 가보면 좋을 것 같다(그렇지만 여름에는 밤 11시가 넘어도 어둡지 않다). 교회 주차장은 무료이나, 교회 방문객뿐 아니라 레이캬비크 시내 관광객까지 이곳에 주차를 하기 때문에 주차가 쉽지 않다.
- **Perlan** : 레이캬비크 외곽에 위치하며, 6개의 물탱크 위에 돔 형태로 된 유리 건축물로 전시실, 레스토랑, 카페, 기념품 가게 등이 있다. 5층의 카페에선 음료와 식사를 할 수 있으며 무료로 전망데크를 이용할 수 있다. Perlan이 Öskjuhlíð 언덕에 자리하고 있어, 360도로 된 전망데크에서는 레이캬비크나 레이캬비크 주변의 산과 바다를 한눈에 볼 수 있다.
- **Blue Lagoon** : 케플라비크 공항에서 약 22km(자동차로 20분 소요) 떨어져 있고, 레이캬비크 외곽의 페를란에서는 약 46km(자동차로 42분 소요) 떨어져 있다. 케플라비크 공항에서 멀지 않아 아이슬란드 도착 후 이곳으로 직행하여 비행기 여행으로 지친 심신을 풀든가, 아니면 아이슬란드 여행의 마지막 코스로 이곳을 택하여 그동안의 여독을 풀든

가, 아니면 둘 다 … 어느 쪽이든 아이슬란드 여행객에겐 거의 필수 코스인 것 같다. 홈페이지(www.bluelagoon.com)에서 미리 입장권을 구입하는 것이 좋은데, 세 가지 상품이 있다. 제일 싼 'comfort'를 사면 수건 대여와 실리카 머드 마스크 및 음료수 한 잔을 제공받는다(2019년 기준으로 11,990크로나).

블루라군 안에 있는 매장에서 맥주나 음료수 혹은 간식 등을 구매할 수 있으며 계산은 체크아웃할 때 일괄적으로 한다. 예약할 때 날짜와 시간을 정해야 하는데 이용시간은 제한이 없지만 문 닫는 시간은 계절별로 다르다. 물이 해수라서 헤어오일, 헤어린스(머리칼 망가짐 방지) 등은 준비하는 게 좋을 듯하다. 취소할 경우 예약일까지 남은 날짜에 따라 환불액이 달라지는데 전액 환불은 없다. 넉넉한 시간을 갖고 블루라군을 즐기고 싶다면 블루라군 내 Silica Hotel이나 Retreat Hotel에서 숙박하는 것도 좋은 대안일 것이다. 호텔 투숙객에게는 아침 식사와 블루라군 입장권이 무료로 제공되니까.

오늘의 베스트 3

	20대 남자	60대 여자	60대 남자
1	블루라군	블루라군	블루라군
2		할그림스키르캬	할그림스키르캬
3		레이캬비크 시청	페를란

13 : 7월 24일

마지막 날, 아이슬란드를 떠나며

새벽같이 일어나 아침 식사 후 여유 있게 공항에 도착했다. 면세점에서 몇 가지 선물을 사들고(여기서는 아이슬란드 술을 사는 게 가장 좋은 것 같다) 비행기에 올랐다. 앞으로 언제 올지 모르는 아이슬란드의 드넓은 벌판을 아래로 내려다보며 이륙하는 비행기 안에서 이번 여행을 돌아봤다.

인생이 그렇듯 여행 또한 크고 작은 사고와 갈등을 거쳐 마침내 고요로 돌아오는 것. 우리 가족여행 또한 그러했다.

집에서처럼 총연출과 감독을 맡은 남편의 노고와 자금에 감사하면서도 사전 계획에 전혀 기여한 바 없는 아들과 나의 불평불만이 끊이질 않아 처음엔 좀 삐걱거렸다. 불평하는 내가 힘들다고 느꼈으니 남편이야 오죽했을까?

게다가 비행기 환승하던 공항에서의 카드 분실 사건, 세이디스피요르두르에 두고 온 김치 21봉지, 유료 주차장 정산대에서 자동차 번호를 잘못 입력하여 벌금으로 25,000원가량 뜯긴 일, 아들의 DSLR 카메라 렌즈가 고장 나 못 쓰게 된 일, 그런 것들이 우리에게 가끔 어두운 그림자를 던졌고 무엇보다 일주일 이상 계속된 비와 안개라는 우울한 날씨가 우리의 트레킹을 거의 고난의 행군으로 몰아붙이는 듯해서 견디기 힘든 순간도 많았다.

그럼에도 아이슬란드의 놀라운 대자연 풍광과 버라이어티한 지형 변화는 우리의 갈등이나 어두움을 뛰어넘는 어마어마한 힘이 있었다. 덕분에 툴툴거리다가도 엄청난 폭포나 용암지대, 그림 같은 바위산의 위용을 보면 다시 감탄하며 표정이 환해지는 아들과 함께 위축됐던 마음이 풀릴 수 있었다.

가져온 카메라의 고장으로 시작된 초반의 흐리고 어두운 감정에 빠져 있던 아들이 다이아몬드 비치에서 흥분하며 하던 말이 아직도 잊히지 않는다. "아름다움은 정말 큰 힘을 갖고 있는 것 같아." 너무 어마어마한 아름다움의 감동 앞에서 그 모든 우울과 고통이 사라져 버리는 걸 그도 분명하게 느꼈던 것이리라.

게다가 후반부에 들어서며 날씨가 모든 것을 해피엔딩으로 이끌었다. 맑은 태양과 부드러운 바람결 사이로 가슴을 활짝 편 채 들꽃 만발한 바닷가 벌판을 걸을 때에는 천국이 따로 없었다. 아들은 연신 "날씨가 이렇게 중요한 거야. 날이 좋으니 다 좋잖아" 하면서 거의 날듯이 걸어다녔다. 매일 2만 보 훨씬 넘게 걸으면서도 피곤함을 느끼지 못했던 건 다 후반부의 아름다웠던 날씨 덕분이리라.

특히 부자지간에 합심하여 빙하로 오르는 자갈길에서 사고 없이 안전한 주행을 할 수 있었던 것, 곳곳에서 우리의 어설픈 영어를 대신하여 통역해 주고 모든 불편사항을 현지인에게 항의하거나 요구하는 데 앞장서

준 아들의 수고가 없었다면 아마도 이런 매끄러운 여행은 불가능했을 것이다. 끝이 좋으면 다 좋은 거라는 속설이 아니라도 결국 우리의 이번 여행은 엄청난 성공이라고 자평하지 않을 수 없다.

여행이 새로운 만남이라고 볼 때 다만 이번 여행에서 부족했던 건 사람을 새로 만난 경험이 없었다는 것. 아들은 그 와중에 독일에서 홀로 여행 온 젊은이와 만나 금세 주소를 주고받을 정도로 친해졌으나 우리가 그러지 못한 건 어쩌면 나이 탓 아닌가 변명해본다.

물론 이번 여행에서 새로 만난 사람이 없는 건 아니다. 바로 우리 아들. 집에서 그간 보아왔던 아들이 아닌 새로운 모습의 아들을 만난 것. 집에서는 손 하나 까딱 안 하고 집안일엔 나 몰라라 했던 아들이 운전과 숙소의 정리정돈과 심지어 세탁까지 깔끔하게 해서 짐을 덜어줄 때, 아빠보다 먼저 길을 찾아내고 숙소의 열쇠와 시설들을 찾아 척척 해결할 때, 특히 문제가 생길 때마다 알아서 우리의 언어를 대신해 풀어줄 때, 그간 아들의 단점과 문제만을 보고 염려해왔던 우리의 생각들을 모두 날려버리게 되었다. 아, 이 아이는 이제 어디에 내놔도 혼자 잘 살아가겠구나. 정말 어른이 됐구나 하는 심정. 이것이야말로 이 여행에서 우리가 얻은 가장 중요한 만남이 아닐까?

물론 아들이 아빠에게 많은 불만을 가졌던 건 분명하다. 특히 이 여행이 거의 패키지 수준의 빡빡한 일정이라 전혀 여유가 없었다는 점, 또한 이건 한 곳으로 치우친 여행이라며 아빠에겐 오로지 '눈'으로 보는 것만 중요해 보이는 듯하다고, 오감에서 오직 '눈'만 있었던 것 같다고 날카로운 총평을 했다. 틀린 말은 아니다. 하지만 나는 긴 낮 시간 동안 우리가 갈 수 있는 곳이라면 최대한 갈 수 있도록 팍팍하게 계획한 것도, 액티비티와 박물관과 갤러리 등을 모두 빼버리게 된 남편의 심정도 이해한다. 한정된 시간 내에 우선순위를 매겨보았을 때 아이슬란드에서 우리가 가장 먼저 만나야 할 것은 자연이고 그 자연이 너무 풍부하고 다양했기 때문이다. 적어도 남편과 나에게는 그렇다.

여기서는 무엇보다 새롭고 특이한 온갖 자연과 지형을 보는 게 최우선이라고 생각한다. 지구의 젊은 시절을 가장 많이 간직한 곳. 인간이 만든 건물이나 교회조차 자연의 한 부분처럼 보이는 곳.

아들처럼 젊은이들이야 앞으로도 얼마든지 더 올 기회가 있겠으나 우리처럼 일생에 한 번 올까 말까 한 사람들에게 이 거대한 자연보다 더 우선적으로 만나야 할 것이 있을까? 그 대자연과 아들의 새로운 모습을 만난 것만으로도 우린 충분하다.

여행에서 집에 도착하자마자 기다리고 있는 고장 난 냉장고와 바닥난 김치에다 밀린 반찬까지 나를 덮쳐대는 '일상'이라는 거대한 물살이 이렇듯 금세 자연으로부터 나를 떼어내는데 더 이상 말해 무엇하랴?

앞으로 언제 이런 어마어마한 자연을 또 만날 수 있겠는가? 언제 또 아들과의 새로운 만남을 가질 수 있겠는가?

아들아, 이제 우리 맘 이해해주겠지?

 그럼요.

* * *

우리가 참고한 아이슬란드 여행 관련 도서

📖 강은경, 『**아이슬란드가 아니었다면**』, 2017, 어떤책

50대의 여자 혼자 배낭 하나 짊어지고 70여 일간 아이슬란드를 트레킹한 이야기. 캠핑과 히치하이킹만으로 겨우 300만 원 정도의 비용을 쓴 극기 훈련 수준의 여행기. 모험을 좋아하는 젊은이들에게는 흥미 있을 듯.

📖 김문희, 강승희, 『**ICELAND 아이슬란드**』, 2018, 4판, 살레트래블앤라이프

전형적인 여행 안내 서적.

📖 박진성, 『**지구과학 교사들의 아이슬란드 지질답사여행**』, 2018, 도서출판 맑은샘

아이슬란드의 독특한 지형에 대한 전문적인 지식을 상세히 소개한 책으로 유익한 지도 정보와 트레킹 코스 등이 매우 자세히 소개되어 있다.

📖 박혜정, 『**아이슬란드 사람들은 왜 행복할까**』, 2017, 옐로브릭

아이슬란드 남자와 결혼해서 그곳에 살았던 사람의 이야기라 다른 책과 다른 아이슬란드의 특성을 엿볼 수 있다. 다만 여행 안내서로는 나소 빈약한 편.

📖 배은지, 『**딱 10일 동안 아이슬란드 : 네 여자의 상상은 현실이 된다**』, 2016, 미래의창

젊은 네 여성이 적은 비용으로 당돌하게 다녀온 재미있는 여행기이다. 감각적인 세대의 필치가 아이슬란드에 가보고 싶은 충동을 느

끼게 한다. 다만, 여행을 위해 필요한 정보가 많지 않고, 묘사하고 있는 곳이 어디인지 불분명한 부분이 적지 않다.

이준오, 『**세상의 모든 고독 아이슬란드**』, 2015, 홍익출판사

혼자 계획 없이 아이슬란드로 홀연히 떠나 시행착오와 온갖 고생을 겪은 내용인데, 아이슬란드에서의 고독감을 처절하게 공감토록 하는 내용.

이진섭, 『**살면서 꼭 한 번 ICELAND**』, 2016, 중앙books

아이슬란드 여행에 대한 감상을 아름다운 문장으로 기록하고 있으며 특히 지역마다 어떤 음악을 들으면 좋을지 아이슬란드 음악가들의 특성은 어떠한지 등 여행과 음악이 잘 어우러져 있는 에세이이다. 다만 여행 정보를 얻기에는 다소 부족한 느낌.

조대현, 정덕진, 『**트래블로그 아이슬란드**』, 2019, 나우출판사

역사를 포함한 아이슬란드 개요, 여행에 필요한 팁 등이 소개되어 있지만, 전체적으로 주제별로 정리가 안 되어 있고 다소 산만하다는 느낌이다. 2019년 개정판인데 업데이트 안 된 정보가 눈에 띄기도 한다. 하지만 저자가 여러 차례 여행한 경험이 책 속에 녹아 있으며, 특히 겨울철에 아이슬란드를 여행하고자 하는 여행객에게는 중요한 정보가 많이 소개되어 있다.

소요 비용				
구 분	금액(원)	인	단가(원)	비 고
항공권	4,071,400	3인	1,357,133	핀에어로 헬싱키 경유 노선
좌석 구입	745,840	3인	248,613	economy comfort 좌석으로 인천 – 헬싱키 왕복 구간
정보/통신	152,742			앱 4개, 유심 6G, 로밍서비스
숙박	4,540,035	12박	378,336	
차량 렌트	1,910,347	12일	159,196	Mazda CX-3 AWD; 보험, 추가운전자 포함
차량 기타	85,229			주차비, 차량수리
Gas	404,251			주유비
식비	2,232,116			식비, 간식비, 음료수비 @아이슬란드
식료품	281,264			김치, 밑반찬, 누룽지, 라면, 컵반 등 @한국
입장료	510,661	3인	170,220	Blue Lagoon, Mývatn Nature Baths 및 Helgafell
여행자보험	104,300	3인	34,767	
합 계	**15,038,185**			

Akureyrarkirkja(아퀴레이리 교회) 85, 171
Akureyri(아퀴레이리) 158, 169, 170, 172, 177
Alþingi(알싱기) 43
Arnarstapi(아르나르스타피) 203, 208, 210, 211, 213, 214, 223
Ásbyrgi(아우스비르기) 144, 145, 147, 154, 156
Baðstofa(바드스토파) 203, 208, 209
Barnafoss(바르나포스) 225, 235
Berserkjahraun(베르세르캬흐뢰인) 195
Bjarnarfoss(뱌르나르포스) 216, 217, 223
Blönduós(블론뒤오스) 179-181, 202
Blönduóskirkja(블론뒤오스 교회) 179, 181, 182
Blue Lagoon(블루라군) 16, 27, 45, 137, 236, 242, 244, 245, 253
Borgarnes(보르가네스) 203, 218, 219, 235
Botnstjörn(보튼스툐른) 139, 144-146, 156
Breiðefjörður(브레이다피요르두르) 190
Brokey(브로케이) 188
Búðakirkja(부다키르캬) 215, 216
Deildartunguhver(데일다르퉁구크베르) 226, 227, 235
Dettifoss(데티포스) 139-141, 152, 154, 156, 168
Diamond Beach(다이아몬드 비치) 80, 93, 94, 98, 99, 248
Dimmuborgir(디무보르기르) 158, 160, 161, 177
Djúpalónssandur(듀팔론산두르) 203-205
Djúpivogur(듀피보구르) 102, 106-109, 118
Drangshlíð(드랑스흘리드) 58, 59
Drekkingarhylur(드레킹가르힐루르) 43
Dverghamrar(드베르그함라르) 80, 81
Dyrhólaey(디르홀라이) 54, 64-67
Efstidalur(에프스티달루르) 38, 45, 46, 52
Eggin í Gleðivík(에긴이글레디비크) 109, 118
Egilsstaðir(에이일스타디르) 110, 111, 117-119, 121, 124, 137, 155
Eldhraun(엘드흐뢰인) 54, 72, 78
Epal Harpa(에팔 하르파) 225, 232
Eskey(에스케이) 102-104, 117
Eyjan(에이얀) 146, 156
Fáskrúðsfjörður(파스크루드스피요르두르) 102, 110, 118
Fjaðrárgljúfur(퍄드라르글리우푸르) 54, 73, 74, 79
Fjallsárlón(피알살론) 80, 88, 89, 91, 93, 97, 99
Fjöruhúsið(표루후시드) 208, 209
Flúðir(플루디르) 52
Fontana(폰타나 온천) 38, 44, 45, 52
Gatklettur(가트클레투르) 223
Geysir(게이시르) 38, 44, 46, 48, 52, 126
Glaumbær(글뢰임바이르) 158, 173

Gljúfrabúi(글류프라부이) 54, 56, 57, 78
Goðafoss(고다포스) 158, 165-168, 177
Golden Circle(골든 서클) 38, 39, 49
Grábrók(그라우브록) 179, 184-186, 202, 222
Grjótagjá(그료타갸우) 119, 134, 135, 138
Grundarfjörður(그룬다르피요르두르) 179, 195-197, 201, 203
Guðjon Samúelesson(귀디온 사무엘손) 171
Gullfoss(귀들포스) 38, 49, 50, 52, 55, 168
Hálsanefshellir(하울사네프스헤들리르) 68, 69
Hafnarfjörður(하프나르피요르두르) 16, 34, 35, 37
Hafragilsfoss(하프라길스포스) 139, 141-143
Hali(할리) 95-97, 117
Hallgrimskirkja(할그림스키르캬) 85, 171, 228, 236-239, 245
Helgafell(헬가페들) 179, 188, 190, 191, 195, 253
Hellnar(헤들나르) 203, 207-209, 211, 222
Hljóðaklettar(흘료다크레타르) 139, 147-149, 156
Höfði(회프디) 158, 162, 163, 177
Höfn(회픈) 105, 117
Hólmatungur(홀마퉁구르) 149, 152, 156
Hraunfossar(흐뢰인포사르) 225-227, 235
Húsavík 155
Hvammstangi(크밤스탕기) 183, 184
Hverfjall(크베르피아들) 158, 159, 177, 184
Hverir(크베리르) 119, 126, 127, 129, 137
Hvita(크비타) 53
Hvitserkur 202
Hvolsvöllur(크볼스보들루르) 38, 51
Ingólfur Square 231
Jökulsárlón(요쿨살론) 80, 89-93, 97-100, 116, 213
Katlar(카틀라) 139, 149, 150, 154, 156
Keflavík Airport(케플라비크 공항) 17, 19, 31-33, 35-37, 137, 245
Kirkjan(키르캰) 156, 160
Kirkjubæjarklaustur(키르큐바이야르클뢰이스투르) 54, 75, 79
Kirkjufell(키르큐페들) 197-200
Kirkjufellfoss(키르큐페들포스) 179, 197
Krafla Viti(크라플라 비티) 131, 137, 139, 152
Krauma(크뢰이마) 226, 227
Lækjavík(라이캬비크) 102, 106, 107, 117, 118
Laufskálavarða(뢰이프스카울라바르다) 71, 78
Laugarvatn(뢰이가르바튼) 38, 44, 45, 52
Leirhnjúkur(레이르흐뉴쿠르) 119, 129-131, 137, 154
Lögberg(로그베르그) 38, 43
Lóndrangar(론드랑가르) 203, 206, 207, 222

Monument to Þorbjörn Arnoddsson 136
Mývatn Nature Baths(미바튼 네이처 배스) 27, 119, 131-133, 137, 242, 244, 253
Mývatn(미바튼) 27, 28, 124, 126, 131-134, 137, 153-155, 158-160, 162, 163, 165, 176
Old Harbour(올드 하버) 225, 231, 232
Öxarárfoss(옥사라우르포스) 38, 40
Perlan(페를란) 236, 239-242, 246
Ráðhús Reykjavíkur(레이캬비크 시청) 239
Reykjahlíð(레이캬흘리드) 119, 132
Reykjavík(레이캬비크) 16, 35, 37, 39, 169, 222, 225, 227, 228, 230, 232, 234-236, 240-242, 245, 246
Reynisdrangar(레이니스드란가르) 69-71
Reynisfjara(레이니스피아라) 54, 66-68, 95, 204
Rjúkandifoss(류칸디포스) 119, 122, 124, 125, 137
Secret Lagoon 52
Selfoss(셀포스) 52, 141, 155
Seljalandsfoss(셀랴란드스포스) 54-56, 78
Seyðisfjörður(세이디스피요르두르) 102, 103, 110-113, 115, 116, 119-121, 136
Sigurður Gudmundsson 109
Silfra(실프라) 38, 43, 44
Skaftafell(스카프타페들) 83-86, 97, 99
Skeiðará Bridge(스케이다라우 다리) 82
Skógafoss(스코가포스) 54, 58, 60-63
Skútustaðagígar(스쿠투스타다기가르) 158, 162, 164, 177
Snæfellsjökull(스나이페들스요쿨) 203, 212-214, 223, 225
Snæfellsnes(스나이페들스네스) 203, 222
Strokkur(스트로쿠르) 46, 48
Stykkishólmskirkja(스티키스홀무르 교회) 179, 195
Stykkishólmur(스티키스홀무르) 179, 188, 191, 193, 194
Súgandisey(수간디세이) 179, 193, 194
Sun Voyager(선보이저) 225, 233
Svartifoss(스바르티포스) 80, 83-85
Svínafellsjökull(스비나페들스요쿨) 80, 83, 85-88, 98
Systrafoss 79
Þingvallavatn(싱바들라바튼) 40, 43
Þingvellir(싱베들리르) 38-40, 42-44, 52, 53, 138
Thórbergur Center(소우르베르귀르 센터) 96, 97
Tjörnin(툐르닌 호수) 239
Torfhusin Hjardarhaga 122, 123
Tvísöngur(트비송구르) 114
Varmahlíð(바르마흘리드) 158, 173-175
Vesturdalur 139, 147, 154-156
Vík(비크) 54, 70, 71
Ytri Tunga(이트리퉁가) 203, 217